How to listen to
the voice of your inner god

あなたの内なる
神の声
を聞く方法☆

一瞬で、幸運へと導かれ、すごい結果が現れる！

Nami Yoshikawa
佳川奈未

青春出版社

心の中の
小さな声に
耳をかたむけるとき、
神とつながる！

必読☆真実の「まえがき」

あなたは、いつも導かれている!

——この現実に役立つリアルなメッセージを、高次の領域から受けとる♪

あなたも、一度くらい、こんなふうに思ったことがあるのではないでしょうか。

「神様の声を聞いてみたい!」と。そして、

「自分のここからの人生や未来がどうなるのかを、先に知りたい!」と。

行くべき道は、右なのか、左なのか……

つきあうのはこの人でいいのか、他の人なのか……

会社をもう辞めるべきか、それともまだここにいるべきか……

答えはこれで合っているのか、それとも違うのか……

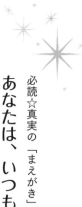

「ああ、神様、はっきり教えて！」と。

そして、「もし、神様というものがいるならば、そして、特殊な能力などなくとも、その声を自分も聞くことができるなら、聞いてみたいし、まえもって運命のゆくえを教えてもらえたなら、どんなにいいだろう～♪

そうすれば、きっともう、わたしはこの人生で、何も迷わず、しくじらず、痛まず、すんなり、幸せになれるのに！」と。

しかし、何を隠そう!! 実は、あなたはもう、とっくの昔に、神の声を聞いていたのです!! それゆえ、しっかりここまで誘われてきており、いま、まさに、この本を読んでいるわけです。

そう、何気なく本屋さんに入って、ふと気になって、〝なんだろう、この本……〟と手にとった瞬間、この本がピカッと光って見えたか、あるいは、「これだ！」という声が聞こえたことで、レジに誘われて♪

神の声は、そんなふうに、あなたの心に、ふと、突如、あなたの声のままでやってくる〝小さなささやき〟であり、直感という形をとってやってくるものなのです！

その、直感としてやってきた声が、まさか、神の声だとは、みんな夢にも思っていないし、そんなことなどいままで知らずに生きていたのです。

それゆえ、とうの昔に、なんなら物心ついたときから、しょっちゅう聞いていたその声を、無視したり、大切に扱わずに横に流したりしていたのです。気のせいや、独り言のように感じて！

……なんと、もったいないこと！

そんな神の声を聞きたいというのなら、本当は、ふつうの日常を淡々と生き、自分の心の内なる声に、耳を傾ける習慣を持つだけでよかったのです。

それは、決して、出番を間違えません。そして、いつでも、適切な時に、適切な場所で、適切なシンプルな言葉で、あなたをごくナチュラルに誘います。

それゆえ、あなたは、頭で難しいことを考えず、ただ、その流れに乗るだけでいいのです。

そのとき、すごいことが起こります！

ちなみに、どんなすごいことなのかを、あらかじめ、ここに具体的に書くことなど、できません。というのも、それは天のすることであり、独特のやり方であり、人智の及ばないものだからです。

しかも、それがやってきたとき、あなたがそれに沿い、なにかしらの方向に動いたとたん、「現実社会」にいながらも、「神秘と魔法の領域」に放り込まれ、誰もが想像もしえないような結果を得ることになるからです！

というわけで、この神秘の秘密を打ち明けるべく、さっそく本文へと誘いましょう！

2023年　5月

ミラクルハッピー　佳川　奈未（よしかわ　なみ）

あなたの内なる神の声を聞く方法☆

目次

Chapter

2

すごい誘いシステムに乗る♪

Chapter 3

Chapter 4

ショートカットで、奇跡のコースに入る♪

本文デザイン　浦郷和美
本文DTP　森の印刷屋

Special Chapter

あなたを
運命的な人生に誘う
真実の物語☆

☆特別章☆佳川奈未デビュー20周年☆告白手記!!

それは、たったひとつの、ふとした思いつきから始まった!

――わたしを作家の道へと誘い、ここまで連れてきた神秘的啓示☆震災の中でやってきた不思議なインスピレーション・ガイダンスとは!?

たったひとつの直感、ふとした思いつきを採用したことが、まさか、今のこの作家人生への〝誘い〟になるとは、夢にも思っていませんでした。

デビュー前のわたしは、神戸に住んでいる三人の子のいるふつうの主婦でした。夫はすぐに仕事を辞めるタイプの人で、結婚後、生活がまったく安定しませんでした。しかたなく、わたしは3つの仕事を掛け持ちし、生活を支えていたのです。

それゆえ、余計なものにはお金を使いたくないと、新聞の勧誘などは絶対に断っていました。「ニュースはテレビでみればいいいし」と。

ところが、なにかと切り詰めた生活をしていたある日、突然、ふと、「新聞をとれ！」と、直感がささやいたのです！

そして、わたしは、それまでずっと勧誘されても断り続けていた新聞を、なぜか突然、とることにしたのです。

それに対して、夫は、こう言ったものです。「おい！ なんで読みもしないくせに、新聞なんかとるんや！ もったいないから、断れ!!」と、怒って。まぁ、当時の状態なら、しかたないことかもしれません。

しかし、「新聞をとれ！」という、**そのささやきを、そうすることを、わたしは、なぜか、「正解」に感じていました。何に対しての正解なのかはわかりませんが、なんだか〝そうしたほうがいい〟という感覚で、素直にそうしたとき、ほっとしたのです。「よし、これでいい♪」と。**

とはいうものの、やはり、記事などまともに読んでいなかったのは事実です。

そんなある日、わたしは、読みもしない新聞を、なにげなくペラペラとめくっていたとき、ふと、自費出版の広告を目にしたのです。それは大阪の会社で、「素人でも本が書店に並ぶ！」とありました。

それを見て、「へぇ～、そうなんだ。出版かぁ～。いいなぁ～♪　もしかしたら、新聞は、この広告を目にするためだったのか⁉」と、さえ思ったほど。

それゆえ、さっそく相談すべく、その会社にアポイントをとり、行ってみることにしたのです。

話の途中でなんですが、まえもってお伝えしておきますが、直感は〝神の声〟です！　そんなことのためだけではなかったというのが結論なのですが。

続きをお伝えしましょう。

わたしは、新聞で見たその自費出版の会社に出向き、説明を聞き、自分も出してみたい！　と思ったのです。といっても、なんとなくあまりうれしく盛り上がったような気持ちではありませんでした。

なにせ、大きなお金もかかるし、自分で書店に営業に行くことが義務づけられていて、しかも、原稿料も印税なども、ない!!　ということでしたので（当時は出版業界のことを何も知らなかったので、そんなものかと思っていました。もちろん、商業出版の正規ルートに乗れば、そうではありませんがね）。

それでも、当時のわたしは「作家になりたい♪」と夢みていたこともあり、「こんな形でもいいか」と、必死でお金を工面し、出すことにしたのです。

ところが、その本ができて、ようやく何冊かを受け取り……あとは書店に「本を置いてください！」と、まわるだけと思っていた矢先、予期せぬ出来事が起きたのです。

それは、阪神淡路大震災!!

恐ろしい轟音《ごうおん》とともに崩れていったすべてのもの……家中の家具がめちゃくちゃになったのは当然のこと、マンション自体も大きなダメージを受け、街ごと壊れていったのです……。その瞬間、子どもを抱きしめて守るのが精いっぱいでした。最初は何が起こったのか、まったくわかりませんでした。

しかし、歴史にないほどの大地震がわが町で起きたのだ!! とわかったとき、とにかく、避難しよう！ と、倒れた障害物をなんとか必死でよけながら、割れたガラスの海になったキッチンを通り、玄関へ！ しかし、玄関ドアは地震の衝撃でゆがみ、すぐに開けることができませんでした。

壊れたドアとどのくらい奮闘したのか、余震に襲われながらも、ようやく外に出たとき、目にしたのは紫色の煙があちらこちらに上がっている信じられない光景でした。それは、なんとも不気味で怖いものでした。

〝ああ……愛する神戸が……朽ち果てていく……〟。

一番下の子を抱きかかえ、あとの二人を自分の服につかまらせて外に出る以外、何も持って出ることができませんでした。

そして、長い長いマンションの階段を下りながらわたしの脳裏に浮かんだのは、「ああ……本は、書店ごと、町ごと……ダメになったんだ……。そして、私の運命も……」ということでした。そのとき、とてつもない絶望感におそわれていました。

自費出版になどお金を使ってしまったら、当分、お米代にも困るだろうとわかっていて出した本は、一瞬で、パーでした。

「ああ……作家になど、なれるわけもなかったのか……」と、なんともいえない悲しみと、お金を使ってしまった後悔と、こんな大震災という形で、わたしたち家族の、いや、神戸中のすべての人たちの人生を壊したこの出来事に、ただ、呆然と立ち尽くすことしかできませんでした。

これは、いったい、何⁉　なぜ、こんなことが起こるのか⁉　と。

そして、わたしは、心の中でこう叫んでいました。

「神様、いじわるすぎますよ‼　ひどい‼　ひどい‼　ひどい‼」と。心の中でどれほど激しく神様を責めたかわかりません。「神様なんか、本当は、いなかったんだね!!」などと、そこまで思って。
その前の年に、母を亡くしていたわたしは、病院代や葬式代にも苦労したけれど、それでもなんとかいい仏壇を買ってあげることができたのに、その新品の仏壇も、もはや、めちゃめちゃでしたから。

ようやく、外に出られたのに、死んだ母のことが気になってしまい、倒れた仏壇の下敷きになった位牌を取りに、もう一度部屋に戻り、それから子どもたちと、母の位牌とともに、急いで小学校に避難したのです。

この悪夢のような現象は、何？　いったいこれからどうすればいいの？

もう、何も、何も、考えられませんでした。そのとき、わたしは、すべてを失っていたのです。住むところも、お金も、死んだお母ちゃんのやすらぐ場も……そして、作家になるという夢も、その先の人生も……。

ピンチは、チャンス☆神の啓示は、悲惨な中でもやってくる!!

人生に意味があるとしたら、この悲惨なことにも本当に意味があるのだろうか？　そんなふうに考えながら、わたしは、恐怖で言葉を失ったままの子どもたちを連れて、凍《い》てつく1月の避難所の小学校で、寒さと恐怖と絶望で、泣いていました。

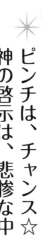

これからどうしたらいいのだろう……どうやって生きていけばいいのだろう……。
身を寄せる実家もないわたしは、本当に途方にくれました。
いっそ、即死のほうがよかったのか？　などと、後ろ向きに考えたりして。

生きていくほうが辛いときもあるのだと、そのとき、いやというほど痛感していました。
たとえ、生活は苦しくても、家があればなんとか家族身を寄せ合い、生きていけたけれど……その家までなくしては、どうしようもない……いまや、水も電気もガスもなく……。

小学校に避難しても、救援物資など、なかなか届きませんでした。この地域の住宅やライフラインが壊滅状態であることが、行政に情報として、まだちゃんと届いていなかったからかもしれません。

最初に救援物資として小学校に運ばれてきたのは、食べ物ではなく毛布でした。しかし、小学校の体育館に避難者が何百人もいるのに対して、届いた毛布はなぜか20枚程度でした。

そのせいで、小学校の先生が「誰かにだけ渡して、誰かにだけ渡せなかったら不公平なので、この毛布はなかったことにします!!」などと言い出し、倉庫に入れて、鍵をかけたのです!

このことに、「納得いかない!!」と立ち上がった人たちが、「せめて赤ちゃんと老人にだけは、毛布を渡してあげてください!!」と先生に必死に詰め寄りましたが、先生は、まったく融通がきかず、赤ちゃんがいる人たちはみんな困って、泣いていました。

震災から10日くらい経って、ようやくやってきたパンのトラック……しかし、車から降ろされたパンはすっかり期限切れで、カビがはえていました。そのため、配られても、誰も食べることができませんでした。

届いてそのままゴミ箱行きになった大量のパン……。この提供者の慈愛に満ちた好意は、いったい、どこで無駄になったのか⁉……まったく理不尽なものです。

パンの次にまた1週間ほどして届いたものは、おにぎりでした。しかし、アルミ箔で一つずつ包まれたおにぎりも、何百人もいる被災者に対して、何十個か程度しかありませんでした。

「子どもたちにのみ‼」という条件で配られたおにぎりは、これまたどこで管理されていたのか、氷で凍《い》てついていて、配られた子どもたちは誰もそれを口にすることができませんでした。寒い、寒い、1月でしたからね、なにせこの大震災は。

まともに寝る布団も小学校の体育館に持ち込めずに、みんな冷たく痛い床で寝ていて、おまけにやむをえず、大勢の他人と毎日一緒にいることで、日が経つにつれて、イライラが募り、ささいなことで怒鳴りあう人達が出てきていました。

「ああ、その気持ちわかるよ……でも、しかたない……。辛いのは、みんな同じ！」

人の怒鳴り声に驚いて泣いた子どもをわたしがあやしていると、「うるさい！　子どもを連れて体育館の外に出ろ‼」と怒鳴られ……。

そんな状況の中にいるわけにもいかず、わたしは泣きやまない3歳の三男を抱きしめ、寒い中、ずっと校庭であやしていました。でも、なかなか子どもは泣きやみませんでした。子どもは限界だったのです。次第にわたしも精神的に追い詰められていきました。

みんな、自分の家で、暖かいお布団の中で眠りたいだけなのです！　望みは、たったそれだけのことでした。でも、そんなささいなことすら、叶わないなんて……こんな現実おかしい‼

そのとき、わたしの心の中に、こんな直感がやってきたのです！

「家に帰って、ハガキを取ってこい！　新聞社に出せ！」と。

圧倒的感覚でやってくる直感☆それが、神からの誘い！

「家に帰って、ハガキを取ってこい！　新聞社に出せ！」

それは、みんなを救うためにも、この状況を伝えろ!!　という気迫に満ちていました。


その声は強烈で、圧倒的で、あらがうことができませんでした。わたしは、「そうするしかない！　そうするのが正解だ!!」と、ものすごい感覚に満たされたのです。

これが直感であり、〝神の声〟であり、まさに、わたしを導くことになるインスピレーション・ガイダンスでした！

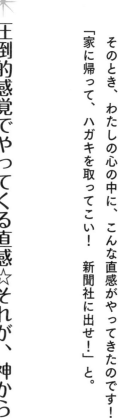

しかし、そうであることは、その時点では、まだ、わかっていませんでした。

けれども、とにかく、その直感がやってきたとき、わたしは、いてもたってもいられなくなったのです！

そして、それゆえ、子どもたちに、「ここにいるのよ！　絶対に動いたらダメだよ！　ママはおうちに戻って、すぐまたここに帰ってくるからね!!」と言い聞かせ、三人の子どもを避難所の体育館に置いたまま、余震の続くなか、ひとり壊れた家に戻ったのです！

わたしはものすごい速さで走っていきました。息がハアハアするくらい、ものすごい速さで！「急げ！　急げ！」と、わたしの中に、直感として、その言葉が何度もやってきていたからです！

家の中に入ったとき、めちゃくちゃになった室内を再び目にすることになり、再度、ショックを受けたものです。しかし、とにかく、ハガキとペンを探さなくてはなりませんでした。

当時、わたしは、投稿が趣味で、いつでも投稿できるように、ハガキとペンを、いつも、キッチンの食器棚の引き出しに入れていました。

ところが、その食器棚の引き出しには、最初の地震の衝撃で飛び出したのか、外れて、壊れて、その上に食器棚が乗っていました。もはや完全に倒れ、引き出しは下敷きになっていました。

「ここから、どうやってハガキを？」と思って、立ち尽くしていると、再び激しい余震が何十秒か続いたのです。わたしは思わず、その場にしゃがみ込み……。

すると、そのときです‼ その食器棚の下のほうから、かすかに白いものが、ちらっと顔を出しているのが見えたのです！

「あっ！」

それは、わずかに見えたハガキの角でした‼

わたしは、素早くそれを引きずり出し、その横になぜか奇跡的に転がっていたボールペンもつかみ、急いで小学校に戻ったのです。

「神様、ハガキとペンを取り出させてくれて、ありがとうございます!!」

思わず、つぶやいていました。

それにしても、あのとき、本当に不思議でした。余震の中で、ハガキを見つけることができたのですから!

神様のしわざでなくて、誰にそんなことができましょう。

ああ……やっぱり、いたんだよね、神様は!!

避難所に戻ると、わたしは子どものそばで、夢中でハガキを書きました。小さな文字でぎっしりと、行政へ伝えたいこと、「とにかく、仮説住宅を一刻も早く用意してほしい!」ということを。そして、避難所の様子と、もう、みんな精神的にも体力的にも限界であるということを。

そして、そして、最後に、愛する神戸という、わたしが生まれ育った街に対する熱い思いを、神戸っ子として‼

どんなに街の姿が朽ち果てようと、わたしは愛する神戸が癒され、再び元気になるまで、絶対に神戸とともに生きよう！　と、そう誓っていました。もう、作家になどなれなくても、この愛する街がやがて元気に復興してくれたなら、それでいいと。

ハガキを書いた後、避難所になっている小学校の近くの、いつもよく投函していたポストにそれを出しに行きました。ポストは壊れていませんでした。

が、こんな悲惨な中、まともに郵便配達がなされるのかはわかりませんでした。

しかし、「出せ！」と、圧倒的な強さで、直感はわたしにそうさせました。

その後も、わたしたち家族は、まだ、何百人もの他の人たちと共に小学校の体育館で避難所生活をしていました。とにかく、電気、ガス、水道などのライフラインがすべて断たれていて、家に戻りようがなかったからです。

そして、そんなある日、予想もしなかった、すごいことが起こったのです!!

思いは届く！ 言葉は伝わる！ 願いは叶う！
無名の人間にも、できることがある☆

ある日、避難所の体育館の隅にかたまり、子どもたちと身を寄せ合い、寒さをかばいあっていると、黒ジャンパー、黒パンツ、黒リュック姿の、おだやかそうな男性が入ってきたのです。小学校の先生に「避難者はこちらです」と案内されて。

そして、入ってきたかと思うと、突然、先生が、大きな声でこう言ったのです！

「〇〇さんは、いませんか？ 〇〇さん、いらしたら、教えてください!!」と。

それは、わたしの名前を呼ぶ声でした。

えっ⁉　いったい、何⁉

「あのぉ……わたしですけど、何か？」

するど、近づいてきたその方は、ほっとした顔でわたしにこう言ったのです。

「ああ、良かった！　やっと逢えましたね！　あなたを探していたんです‼　僕は、こういう者です」

差し出されたその名刺には、新聞社の名前がありました。しかし、神戸の新聞社ではなく、東京の大きな新聞社！　彼はその新聞社の記者のA氏でした。

「東京の新聞社がなぜ、わたしを？」

話を聞いてみると、この阪神淡路大震災があまりにも大きなニュースとなり、それ以降、神戸の街をずっと取材し、新聞の中で、連載記事を書いていたというのです。

そして、彼はこう事情を話してくれたのです。

「実は、神戸の大震災の取材をするために神戸の新聞社を訪ねたのです。すると、その際、多くの社員の人たちが、なにやら掲示板の前で、涙を流して、あるものをじっと見ていたのです。

僕はとても気になって、〝何を見ているんですか?〟と尋ねたら、〝新聞の読者さんから、こんな内容のハガキが届いて……それを読んでいるんです。

この方の気持ちに心を打たれて……僕たちも同じ神戸っ子として、このことを共有し、励みにしたいと、みんながいつも見られる掲示板に、こうしてハガキを貼っているんですよ〟と教えてくれたのです。

そして、僕も読ませてもらったところ、ある一つの言葉が心にぐっと来ましてね……。

『神戸の街が、朽ち果てていく……』

それって、どんな気持ちなのかと……朽ち果てるって、あまり使わない言葉で……読んで、僕も泣きました……。それで、どうしても、お気持ちを、話を、詳しく聞きたいと思って、『これを書いた人に逢いたい！』とやって来たんです。

そして、そのハガキの差し出し主こそ、まさに、あなただったのです！

僕は、この言葉を書いた人に、どうしても会いたい!!　と思い、ここまできたんです！　ここに来るまでに僕は、神戸中の避難所を尋ね歩いてきたのです！

実は、新聞社の人に、〝絶対にその方に迷惑をかけないようにするから!!〟と頼み込みましたが、住所は個人情報なので教えられないと言われました。でも、どうしても、あの言葉を書いたあなたに逢いたくて、話を聞きたくて、せめて、新聞の配達地域だけでも!!　と地域だけ教えてもらったのです。それで、とにかく、あちらこちらの避難所を、何十か所訪ねまわったかわかりません。でも、こうして今日、やっと、あなたに逢えて、本当によかったです!!　……とにかく、お話を聞かせてください……」

本当に、本当に、わたしは驚きました！

あの日、直感が、「ハガキを新聞社に出せ!!」と伝えてきて、いてもたってもいられずに、突き動かされて行動したことが、まさか、こんな展開になり、東京の新聞社がわざわざ無名のわたしを探して、やってくるなんて！　と。

何が彼を惹き寄せ、行動させたのか？

彼は、こう言いました。それは「言葉」だと。心からの言葉は、人を突き動かすのだと！

そのとき、有名・無名は関係ないのだと！　人間として、本当の想いを、話を、聞きたいのだと！

しかも、彼は、壊滅状態の道なき道を歩いて、何日もかかって、わたしのいる避難所を見つけた……。

しかも、わずかばかりのヒントと手がかりだけで、避難所を訪ね歩いたというのだから、その記者魂もすごいものです。もし、何日も探しても、わたしに逢えなかったらどうするつもりだったのだろう。

いや、**心から何かを求めている人は、きっと、それを絶対に見つけてしまうんだ!! 神の導きの中、「もしかしたら、こっちかな？」という、直感を受け取りながら！**

それにしても、これほどまでに、言葉は人を動かすのか……これほどまでに、言葉は人に影響するのか……。

そして、彼は、こう続けて言ったのです。

「実は、明日、大震災に関する僕の連載記事の最終回なんです。最終回に間にあうように、あなたを見つけることができて、ほんとうにうれしい！　どうか、語ってください。神戸への想いと行政に伝えたいことのすべてを！　この最終回の紙面で！」

そのときわたしは、知ったのです！

「ああ……心から発したものは、こうして人の心に届き、大きな波紋を広げるのか！」と。そして「無名の人間であれ、大切なことを伝えるならば、それをくみ取り、感動し、世に出したいという人が、目の前に現れるんだ！」と。

そして、**この日の出来事によって、わたしは、「絶対に作家になろう！　そして大切なことを命の限り、発信していこう！」と誓ったのです！**

わたしの誓いは、とてつもない悲惨な大震災の中で、生まれたわけですが、神様、もう少し、お手やわらかにお願いしますと、言いたいところです。

そして、わたしは、いま、ここにいます！

震災を乗り越え、神戸の街が癒され、復興したのを見届け、上京して！
そして、作家デビュー20周年を迎え、いま、こうして、この本を書いているのです。
心の内の小さなささやきから始まった運命によって！

Chapter

1

神の声は、
こうしてやってくる！

あなたの内なる小さなささやきが、
あなたを大きな運命へと誘う

日常に現れる☆すごい〝天の導き〟とは⁉

みかたにつけるほど、すべてがスムーズな、いい感じの人生に♪

あなたはこの長い人生、先の見えない未来を歩くとき、いったい何を頼りに、生きていますか？

自分の考えや哲学でしょうか？　親の言いつけでしょうか？　仲間のアドバイスでしょうか？　それとも、占い？　巷《ちまた》にひろがるインターネットの情報でしょうか？

ちなみに、わたしは、直感です！

実際、習慣的に直感をみかたに生きてきたおかげで、これまで幾度も、煮詰まった場面を打開し、ピンチをチャンスに変え、正しい決断ができ、すんなり前に進め、憧れや夢をハッピーに叶えながら、思い通りの人生へと誘われてきたのですから。

それゆえ、本書の最初にお伝えしたいことは、

「直感は、神の声!!」だということです！

それは、あなたの願いや叶えたいこと、たどり着きたいゴール、ハッピーエンドの運命を知っており、神秘的でリアルな〝誘い〟を得意とする高次からのガイダンス!!
先の見えない未来を進む際、心づよいパートナーとなるものです。

そして、**ひとたびそれが現れると、その時、その場面に、いきなり、「幸運の流れ」「素敵なチャンス」「スピード展開」が生まれます！**

いつでも、そこにあるのは、あなたが望む結果へゴールするための効果的な道筋、スイスイスムーズな円滑現象、うれしい共鳴現象であるシンクロニシティ、思いもよらぬ幸運の出来事、奇跡のようなショートカットの人生コース!!

そして、そこから始まる〝みちがえるような恍惚《こうこつ》たらしめる、すごすぎる自分の人生〟です♪

しかも!! 直感がもたらす、特定の言葉やキーワード、アイデアやひらめき、なんらかの感情を含んだ身体的、起こる出来事、出逢う人や状況、意味ある数字の啓示などを、採用するとき（みかたにつけるとき）、あなたの人生は、ひとりで必死に努力をする範疇などはるかに超えた、壮大な規模で、素晴らしい価値あるものを、この人生に築いてしまうことになるのです！

さて、「直感は、神の声！」であり、まさに天からの運命的な誘いだと、わたしが確信するに至ったのは、これまでの人生で、ときおり（いや、今となっては、しょっちゅう）自分の心の内にやってくるその声を、逃さずキャッチし、採用し、行動したあと、奇跡のような結果になるのを、何度も、何度も、経験したからです。

そのたびに、「あの直感の言葉（感覚）の通りにしてよかった！ こんなすごいことになるなんて♪」と、毎回、驚くばかり。

また、世に出て名をはせた成功者たちの中にも、直感を採用して、たまたま何かをやったことで、すごい結果を手にしたという人はとても多いもの。実際、わたしの仲間やまわりの成功者からもそんな話をよく聞きますし、間近でも見てきました。

そうなると、「この直感という神の声なしには、もはや、生きていけないわ」とさえ、思うほど。

では、「自分も採用してみたい♪」と思ったとして、そんな素晴らしい直感である〝神の声〟＝天の誘いであるガイダンスは、いつ、どのように、やってくるのでしょうか？

そのとき、どうすれば、それがそうだとわかるのでしょうか？　採用したらどうなり、採用しなかったら、どうなるのでしょうか？

うまくみかたにつけ、全知全能の神の領域とつながって、憧れ夢みた幸せな理想の人生を、ここから最短で叶えるにはどうしたらいいのでしょうか？

はい！　そのすべてを、ここから、詳しくお伝えしていきましょう！

誘われるまま進むと、結果がポン♪

その通りにしてみなさい☆
素直になるとき、あっけなく望みが叶う

いつでも、直感という神の声は、あなたの夢や憧れ、手にしたいもの、なりたい姿、たどり着きたいゴールや、あなたにとっての最良、最高、最勝の、素晴らしい結果や未来や運命を、はなからすべて知っており、最終場面の「結果」まで、きっちりあなたを導く力を持っています。

そして、それは、ナチュラルにあなたを導く名人です！

しかし、すべてを知っているからといって、なにも最初から、あなたの人生の何十年か分を、いっぺんに、どっさり、全部ぶちまけにくるのではありません。

いつでも目に見えない高次の領域からの誘い（サポート）は、あなたが、〝その先をどうするといいのか〟知る必要のある絶妙なタイミングで、「ここぞ！」というときに、タイミングよく、正しい順に、そっと、〝ひとつずつ〟やってくるだけです！

その、たったひとつで、その先のすべてを好転させるのです！

しかも、あなたがひとり密かに望んでいただけの個人的な欲求や必要要素までをも、もれなく含んで、いいことだらけにしてくれて♪

ちなみに、本書も、帝国ホテルの打ち合わせの場で、「この人に、直感というテーマについて話せ！」という直感が、突如、降ってきたことで、コロッと企画が通ったわけです。担当者に、即答で、「それ、おもしろいですね!!」と言ってもらえ♪

そう、その日、まったく別の企画を持参していたにもかかわらず。

もし、あのとき、わたしが直感を採用せず、そこで示された言葉や内容に従わず、しつこく別の企画をぐだぐだと説明していたらどうなったでしょうか？

持ってきている企画にこだわって、なんとしてもこれを納得してもらわないと!!

などと、頭の理屈と自分のエゴでそれをゴリ押ししていたら、どうなったでしょうか?

もしかしたら、企画はおじゃんになっていたかもしれません。

そして、直感についてその場で話していなかったら、当然、本書も、いま、この世になかったことでしょう。


とにかく、**〝直感〟としてやってくる、特定の言葉やキーワード、なんらかのヒントやアイデアやひらめき、独特のムードや身体的感覚や、そこにある流れをみかたにつけるとき、いきなり状況が好転し、道がひらき、ほしい結果がポンッと目の前に現れます!**


それをひとことでいうと、楽♪ということです!

もしくは、お得♪　ラッキー♪　ブラボー♪♪♪　でしょうか。

これって、おいしすぎやしませんか?　はい。おいしすぎるのです!

それゆえ、素直にその通りにし、ついていかない手はないのです。

神の声は、いつ、どのように、やってくるのか⁉

ふつうすぎて、ごめんなさいよ☆
神は、いつでも、神ぶらないのです

さて、神の声である直感は、いつ、どのように、やってくるのでしょうか？

ズバリ、答えは、突如やってくるということです！

どこに？　はい。あなたの「心」に‼　です。

まえがきでも、チラッとお伝えしましたように、それは、あなたの心に、ふと、突如、あなたの声のままでやってくる〝小さなささやき〟です。

しかも、その現れ方は、ごくふつうに、日常の場面に、自然に現れるがゆえに、まさかそれが、神の声であり、偉大なる啓示になっているとは、そのときはわからないものです。
あなたが、何かしらのうれしい結果に連れていかれたとき、あとになって、はじめてその偉大さと完全さがわかるのです！

とはいうものの、他の言葉とは違う、特徴はあります。なにせ、高次からの誘いですからね。ここで、軽くお伝えすると、次のような感じです。

《直感という神の声の特徴は、これ！☆》

1☆それは、ふいに、ふと、心に入ってくる言葉であり、
いきなり耳に聞こえたように感じる声。
しかも、自分の声のように思うが、頭で考えたものとは違う感じや、
自分ではないような尊いムードがある。
2☆突如、ピンッときた！　ひらめいた！　という、特別な感覚に包まれる！
3☆その言葉によって、自分の頭の中で、何かがピカッと光る！

あるいは、目の前にある何かが、一瞬、光って見える！

4☆その言葉がやってきたとたん、

「これだ!!」という、圧倒的正解感がある。

5☆いますぐ、その言葉の通りにしたいというムードになり、

なにか特定の行動に突き動かされる！

6☆それがやってきたら、無視するのが難しい。

あなたがとりあうまで何度でも、同じことを、ささやいてくる！

7☆その言葉の示すことを素直にしないでいると、なんだか落ち着かないし、

そうするまで、事態が変わらない。

このような感じはあるものの、その特徴については、まだまだ本書全体でお伝えしなくてはならない大切なことがたくさんあるので、このまま読み進めていただきたいわけですが。

とにかく、それは、人智を超えた高次の領域、無限の可能性を持つ領域、あなたの

運命をみなまで知っている創造主の領域から、あなたの心にダイレクトにやってくるものです！

しかも、**寸分の狂いもなく、ベストタイミングで、そのときすぐ実践可能な形で、やってきます！**

ちなみに、突如やってくるといっても、そのタイミングは、あなたにとって、〝突如〟に感じるだけで、送ってくるあちら側からしたら、ベストタイミングであり、「この瞬間でないとしたら、いったい、いつだったら良いというのか⁉」というくらい、パーフェクトな瞬間になっています！

そう、「あなたのために、最も良いときに、間髪入れず、最も良い言葉を、感覚を、ひらめきを、アイデアを、あげたよね。それが助け船になって、一気に、あなたの抱えていた物事が、理想的な形で解決したよね？」という具合です。

そして、**たいがい、やってくるタイミングは、あなたのなにかしらの問題解決や、望みが叶う場面に、「直結」しています！**

それは、まさに、天が、あなたを一瞬で、運命好転させ、救いだし、チャンスに導く、「幸運のプレゼント」♪

では、なぜ、そんなすごいものを、神様は、あなたに与えてくれるのでしょうか？

それは、あなたが目に見えない領域、創造的領域、神の領域と、生まれる前からずっとつながっているからです！　そして、その領域には「意図」があり、あなたの日常、人生を通して、あなたを連れていきたい場所があるからです！

その、神が連れていきたい場所こそ、まさに！　あなたが望んでいる結果のある場所、憧れ夢みた世界♪　それゆえ、神の声である直感とは、何よりも親密になっておきたいわけですが。

そこに、前後の脈略などありません

天には、お堅い筋道はない!?☆
あるのは、効果的なタイミングのみ♪

〝神の声〟である直感＝天の誘いガイダンスは、いつも、突如、やってきます！
しかも、そこには、前後の脈略などありません。
天は、いつも、手っ取り早く、あなたの現実の滞りや問題を処理すべく、適《かな》った瞬間にやってくるだけです。

それゆえ、いつやってくるのか、そのタイミングを、あらかじめ人智で知ることはできません。

ただ、タイミングはわからないけれど、やってきたときに、〝キャッチする！〟〝採用する！〟ということが、何より大切なのだと、わかっておくことが重要です。

というのも、直感は、生ものであり、そのときだけの旬のものだからです！

すぐにキャッチし、料理しないと、腐って役に立たなくなるか、消え去ってしまうものであり、今度、思い出そうと思っても、まったく思い出せないものであり、他のタイミングでは絶対にやってくることができないものだからです！

その瞬間だからこそ、もたらされて然《しか》るべきもの!!

さて、前後の脈略なく、といっても、無意味に、無関係なものが、あなたの都合も考えず、やってくるわけではありません。

まるで、無茶ぶりであるかのように誤解されるかもしれませんが、そうではないのです。

その言葉やキーワードが、そのタイミングでやってくるには、必ず何らかのまっとうな理由や、素晴らしく感動的な意味があります。

ひと言でいうと、あなたを誘うのに、「最も効果的なタイミング」に、なっているということです。

たとえば、それは、あなたに、なにかしらの夢や願いや志があるときや、それを叶えたいと潜在意識的に密かに決めているとき、あと一押しで叶う‼　という、決定的な場面で、やってくるものです！

あるいは、何かを思い悩んでいて、「もうこれ以上、何をどう考えたらいいのかわからない。お手上げだ‼」と、完全に煮詰まったり、追い込まれたりして、サレンダー（降参）した、すぐあとに、やってくるものです！

また、あなたがなにか探しているもの、求めているもの、ほしい答え、そのときの状況や状態の中で必要とする解決策などについて、長い時間求め続け、それなのに、それをいまだ手にできず、ほとほと疲れ、一瞬、そのことから離れて、気分転換したときに、やってくるものです！

　また、ときには、あなたを慈悲深く守りサポートしている、目に見えない領域のほうが、なにかと努力・奮闘しているあなたを見て、なんとかあなたという人を、もっと早く、軽く、スムーズに、救い、助け、引き上げたい!!　というとき、まさに、助け船のように、やってくるものです！

　そのようなシチュエーションの中で、**前後になんの脈略もなく、ポンッとやってきますが、あなたにそれをもたらす〝神の領域〟のほうでは、まさに、そのタイミングで受け取らせないと、まったく意味がない！　という、タイミングを使っているだけです。**

　そして、その瞬間があるからこそ、あなたは自動的に幸運の流れに入り、すっかり運気好転し、ほしい結果や望む世界にたどり着くことができるのです！

神は、タイミングをまちがえない！

時間にちゃんと間に合います☆
あなたを絶妙なタイミングで救います！

直感という形をとって現れる「神の声」は、突如、前後の脈略なくやってくるとお伝えしたわけですが、そうは言っても、絶対に、あなたがそれを〝確実に受け取れる場面〟を使ってくれます。

たとえば、あなたがお茶を飲んでいるときや、ソファでくつろいでいるとき、部屋でボーッとしているときや、何も考えず窓の景色をぼんやり眺めているとき、気晴らしに散歩に出たとき、のんびりお風呂に浸かっているときや、のんきにトイレに入っているとき、もう寝ようとベッドに入ったときなど、対応可能な状態をみはからって。

それゆえ、あなたは受け取り損ねることがありません。

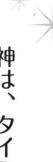

つまり、それは、あなたの中に、ふと精神的、時間的な「空白」が、生まれたときだということです。
そして、その瞬間、間髪入れず、直感という形で神の声はやってくるのです!!

いつでも神は、その瞬間を決して見逃しませんし、ズレませんし、まちがえません！

それは、ある意味、親切なもので、
「よくぞ、このタイミングで、きてくれた!!」と、こちらも感謝したくなるような、本当にこちら思いのものとなっています♪

たとえば、この企画が通ることになったのも、突如、やってきた直感に素直に従ったからですが、それはまさに、絶妙な瞬間と場面で、やってきたわけです。
そのときわたしは、ホテルのラウンジで、本書とは関係のないまったく別の企画書を担当者に見せていました。しかし、担当者は、そのテーマになんら反応を示さず……顔色も変えず、うんともすんともいわず、なんとなく乗り気でもなさそうな……。

そこで、それまで前のめりになっていた姿勢を後ろへ引き、ソファの背もたれに深く身をあずけ、ゆったりくつろぎ、コーヒーを飲むことにしたのです。

しばし沈黙しよう♪　と。

その静寂な空白の場面が、何秒続いたでしょうか……すると、突如、また直感が、やってきたのです！

「直感について、いま話せ！」と。

前後の脈略などありません。それまで別のテーマで話していたのですからねぇ～。

そして、やってきた直感の通りにそれについて、なんとなく話をしたことで、直感の持つ魔法の摂理が、突然、より良い方へ流れを変えさせ、そこにあった運命を軌道修正したのです！

そのおかげで、「春には本を出すぞ～♪」と、まえまえから自分の内でだけ決めて

いた方へと、運命がわたしをうまく誘い、その瞬間、願いを叶えてくれたのです♪

このように、「神の声」である〝直感〟がやってくるとき、あなたは、絶対にそれを受け止められる場面と瞬間にいますし、その通りにすることができます!!

その言葉やキーワードやひらめきを、どこかに書き留めてメモを残したり、なんらかの動きがちゃんとできたりする自由な状態にあるものです。

ペンやメモや携帯やパソコン、なにかを手続きするための書類や印鑑やそれを入れたバッグなどが、すぐそばにあり、あなたが即!! 何らかの動きがとれる場面にいるものです！

ときには、こちらが何かを言うべき人物そのものが、すでに目の前にいて、とんでもなく好都合だったりして♪

とにかく、神は、いつでもパーフェクト！ 絶対にタイミングをまちがえません！

直感は、神の声であるだけあって、結果は絶対的なのです。

ガイダンスは、たったワンフレーズで、すべてを完結させる！

もったいつけず、説明せず、超シンプルに、惜しみなく、やってくる！

そもそも、直感という神の声が、あなたにやってくる理由は、天（宇宙が、神が、潜在意識が、といったほうがいいでしょうか）が、ド・ストレートに、望む結果へとあなたをスピーディーに連れていくためです。

ちなみに、ときどき、宇宙は、業《ごう》を煮やします。

「とっととやれ!!」と、こちらに葉っぱをかけることもあるわけです。

なぜなら、宇宙（神様のいる世界）からすると、〝こんなところで〟と思うような場面で、あなたを運命的にもたつかせている暇はないからです。

ひとまず、あなたを連れていくべきところに先に連れていき、その流れとあとの展開で動くことになる、あなた自身やあなたとかかわる他者を、出来事を、運命を、すべて、ひっくるめて、より良く変化させ幸運化させたいからです！

すべき仕事を早い段階で片付けたいし、それを通して、人の波動を、地球の波動を、とっとと引きあげたいからです！

そんなありがたき神の声である直感は、あなたに届く際、心でちゃんとキャッチでき、耳にもはっきり聞こえ、脳でもちゃんと理解できる言葉として、やってきます！

その「特徴」は、ズバリ!!　超シンプルな「ワンフレーズ」になってくる♪

ということです。決して、だらだらとした言葉で、長く語りかけてくることではありません。

しかも、**その「ワンフレーズ」は、〝すべてを完結させるのに充分なもの〟となっており、一切、あなたを混乱させません。むしろ、一瞬で、気づきを与え、クリアに目覚めさせる力を持っています。**

そこで示される言葉は、なにもどこも、もったいつけておらず、なんの説明もなくともあなたひとりで理解できる、ありふれた、ごくふつうの言葉になっています。
また、なにかをすぐに実行できる程度のかんたんな内容で、かつ、さわやかな威厳とムードで〝これは、採用すべきものだ♪〟とわかるような、他のものとは違う印象を鮮明に放っているものです‼

たとえば、「これでいい」「これはちがう！」「この人だ！」「この人ではない！」「急げ！」「逃げろ！」「○○に気をつけろ！」「○○さんに、電話しろ」「○○について、ここで言え」「○○へ行け！」「いまなら、間にあう‼」「なんか違う」「ほしかったのは、これだ！」「イケる‼」など。

ちなみに、このような短いワンフレーズがやってきたとき、あなたは一瞬、なぜ、その言葉が心にやってきたのか、耳に聞こえたのか、脳裏をよぎったのか、その理由はわからないものです。
なにせ、まったく前後の脈略のないところで、それはやってくるのですからねぇ～。

しかも、その言葉は、決して、大げさなものではなく、大声で仰々しくやってくるものではありません。どちらかというと、〝ささやく〟ような、小さな声でやってくるのですから。

けれども、**あなたは、そこに、なんともいえない感動や、説明しきれない何かしらの真実味を感じ、一瞬で、目覚め、そのとき、自分が言うべきこと、すべきこと、取るべき行動が、わかるのです！**

そして、なぜ、その言葉や、言葉が示す行為をしなくてはならないのかはわからないのだけれど、「そうしたほうがいい！」「そうしたい♪」ということだけは、なぜかはっきりと確信でき、むしろ、そうしないと気がすまないくらいになります。

そうして、このあと、あなたは、スピーディーに得るべき結果へと運ばれることになるのです♪

直感と、そうでないものの違いとは⁉

それは、神の声？　それとも、自分の思いこみ？　両者の違いについて

自分の中にやってきたものが、本当に直感という神の声なのか、はたまた、そうではない、ただの自分の思いつきや思い込み、頭で考えてしまっただけのものなのか、その違いは、どこをみればわかるか？　と、心配している人もいるかもしれませんね。

そんな方のために、その答えをここでお伝えしましょう！

ズバリ、〝本物の直感〟であるならば、なにか、特定の言葉や感覚がやってきたとき、「これは、直感かなぁ？　それとも、わたしの思い込み？　頭で考えた言葉なのかなぁ」などと、思うことすらない！　ということです。

「神様は、いつ、どのように、やってくるのか⁉」の《直感という神の声の特徴は、

これ！☆》のところや、ここまでの項でもお伝えしているように……

〝本物の直感〟であり、神の声である、天の誘いとしてやってきた言葉やキーワード、閃《ひらめ》きやアイデアならば、ささやく程度の小さな声でありながらも、強烈な印象がある！　ということです。

とにかく、それを「直感ではないかも」などと疑う余地もないほど、キャッチすべきものだという〝圧倒的な予感〟と、〝大きなエネルギー〟に包まれるからです！

また、それをキャッチしたり、閃いたりした瞬間、ピカッとまぶしい電光石化が走ったような、一瞬で目覚めたような、うれしい衝撃があるからです！　ときには、それを受け取った瞬間、よろこびで〝武者震い〟するほど、高いバイブレーションを感じるからです！

「これだ！」「そうすべきだ!!」「そうしたい♪」という気分になり、無視するほうが困難なほどです。

しかも、それがやってきたことで、いままでずっと気づけなかったことに、一瞬で気づけ、同時に、解決そのものが来たような状態になり、ほっと安堵し、一幕を無事に終えることになります！

また、あまりにも自分の待ち望んでいたものや、進むべき方向性や、ほしかった答えを持っていたがために、驚きが半端ではありません。

そのうえ、自分が密かに願っていたことのすべてを、その直感という誘いひとつで、パーフェクトにクリアしてしまう〝ありがたすぎる状況〟が訪れるので、「この解決を待っていた!!」と、叫びだしそうな、高揚感に包まれるもの！

あるいは、逆に、「なんで、いま、そう思うのかわからないけれど、そうしたい」というような、静かに落ち着いた確信があるものです。

このような感じですから、絶対に、本物の直感である神の声と、そうでないものは、あなたにもわかります！

ちなみに、神は、あなたがそれを採用してもいいのかどうかと迷うような、わかりにくいものを、わざわざ天の誘いや運命のサインには、しません。

神は、そんなへたな仕事をするほど、ポンコツではないのです。

Chapter

2

すごい誘いシステムに乗る♪

“神の領域”は、どのように
あなたの世話をするのか⁉　そのやり方

クライマックスへＧｏ！☆
そのとき、あなたはこうなる‼

それを受け取ってしまったあと、ほぼ誰にでも起こる態度とは⁉

直感という神の声である〝天の誘い〟を、なにかしらの言葉として受け取ったあなたは、いったい、その後、どうなるでしょうか？

ズバリ、必要な行動へと突き動かされることになります！

ちなみに、行動に出る際、あなたは意志の力など、まったく必要としません。

では、なぜ、あなたは、意志の力もない中で、行動に出ることができるのでしょうか？

答えは、「これだ!」「そうしたい!」「そうするのが正解だ♪」と確信でき、勝手に、突き動かされるからです。

それ以外ないし、それこそが、まさにいまの答えだ! ということを、理屈抜きでわかるからです。また、〝神でなくして、誰がこれを自分に授けたというのか〟というほど、神秘的なムードに包まれるからです。

あなたは、自分だけがわかるなにかをはっきり自覚でき、くつろいでいても、それどころではないと、立ち上がってしまうほどです。

それゆえ、はやる気持ちのまま、即、それに従って、動いてしまうわけです!

そう、たとえば、やってきた言葉や閃《ひらめ》きやアイデアをすぐに書き留めねば!! と、そこらへんにある紙をあわててつかんで急いで書いたり、即刻パソコンに何かを打ち込んだりして。

また、その場で、目の前にいる誰かに、直感でやってきたその言葉やテーマや閃きやアイデアについて話したり、携帯を手にとり、かけるべき相手に電話をかけたり、行くべき場所に直行したりするわけです。

実際、直感という神の声である〝天の誘い〟がやってきたら、とにかく、いてもたってもいられませんし、そうしないと気がすみません。

それゆえ、意志の力など使わなくても、ごく自然に何かをし、そのあと、サクサク、スイスイ、進むのです。

そのおかげで、それまで、どんなに考え込んでもわからなかったことや、煮詰まっていたことや、ずっと停滞していたことや、その瞬間まで視界や運や道がひらかなかったことが、うそみたいにパーッとひらき、すべてが解決するのです！

神は、あなたを動かしたい

神は、流れを重視する☆
だからね、止まったままでいなさんなよ

さて、天の誘いは、あなたになにか言葉やキーワード、閃《ひらめ》きやアイデアを与えて終わりでは、ありません。

その最も重要な仕事は、それらを通してあなたを内側から突き動かし、〝必要な行動に駆り立てる〟ことです！　なぜそんなことをするのかというと、その時点まで、あなたがわかっていなくてはならないことをわかっておらず、それゆえ、必要な行動にも出られずにいるあなたをちょっとこづくためです。おっと、言葉が悪いようなら言い直しましょう。「背中を押すため」です‼

とにかく、天からすると「こんなところで止まってどうする」という地点で止めてしまっているあなたとあなたの運命を動かしたいわけです。より良い、より幸せな、より高まった世界に、連れていくために♪

いつでも、直感という神の声は、必要な方向へあなたをすんなり進ませるために、〝ここぞ!〟というときに現れるわけですが、そうすることで、神は、あなたを次の場面へと、確実に、一コマ進めることができるわけです。

しかも、そのとき、あなたがその瞬間まで考えていた、つたない計画や、しなくてはならないと思っていた〝余計な物事〟をすべて排除して!

そして、〝余計な物事〟がばっさり排除されるから、ショートカットでハイスピードで、望む結果のある世界へと、あなたは楽に、連れていってもらえるのです♪

なんと！　時間調整だけでなく、お金の調整もしてくれる♪

その調整機能は、大きなことから、小さなことまで、できるんです

直感という神の声ひとつで、スピーディーに物事が展開して、コロッと望む結果が手に入ってしまうのが、天の誘い方。

しかし、そのやり方は、なにも、スピードだけを優先しているわけではありません。

最も、重視しているのは、「適切なタイミング」です！

早くてもいけないし、遅くてもいけない……そこのところの絶妙な時間調整が実にうまいのが、直感という神の声＝天の誘いです!!

そして、時間調整して、なにかを最もよろこばしい形であなたに与えるのが、大好きなのです！　その際、なんなら時間だけでなく、お金の調整まで引き受けてくれているところがあって、おもしろいのです。

それは、ある日、わたしが、「新しい洋服でも買おうかなぁ〜♪」と、ショッピングに出かけたときのことです。

銀座にやって来たものの、特にあてもなく歩いていて……何気なく、ふと、気になった路地に入ってみると、おしゃれなお店が。

「あら、素敵♪」そして、ふらっと中に入ってみたのです。

すると、とても素敵なデザインで、好きな色で、即、欲しい‼　と感じた美しいワンピースがあったのです！　わたしの意識は、「これ、買いたい‼」と、思ったわけです。当然、気に入って。

それゆえ、早々に試着♪　なのに、そのワンピースを試着したとたん、とても欲しいはずなのに、なぜか「まっ、今日でなくていいか」と、妙に落ち着いて、その洋服をもとに戻したのです。

しかし、〝こんなに好みのお洋服は、そうそうないよ!!〟と、心は叫んでいました。お値段が高いものだといっても、買えないわけではなく、財布にもお金が入っている……。

それなのに、とても素敵なのに、なぜか、その場で買う気がしない。

「待て」という、かすかな感覚がやって来る……。

いやいや、なんで待つ必要があるのか⁉ こんなに色もデザインも良く、気持ちとしても、とても欲しいのに‼

わたしはその感覚が不思議でなりませんでした。なぜ、待つのか……

じゃあ、欲しくないのかというと、そうではなく、絶対に欲しいのに！

しかし、直感が「待て」というのだから、今日は買うのをやめようと、素直にそれに従うべく、買わずに店を出たのです。

そして、その日は、銀座のホテルにお泊まり♪

朝起きたら、やはり、昨日のワンピースが気になり、「やっぱり、買おう♪」と。
〝ほんなら、昨日、買っておいたらよかったやん！〟と思うのだけれど、まぁ、いい。
しかし、その日は、朝から夕方まで、ホテルのラウンジで、立て続けに打ち合わせが入っていました。しかたないので、それを終え、夜になってから、その店に行くことにしたのです。

そして、着くやいなや、あわてて店内に入ると……

「ない!!」

わたしは、昨日のことを後悔しそうになりながら、半べそをかいて、店員に詰め寄って、こう聞いたのです。

「あのぉ～、昨日、ここにあった素敵なワンピース、もう、ないんですか⁉」と。

すると、なんと、こう言うではありませんか！

「ああ、これですか？　これ、値下げしようと、お安くした値札をちょうどいま付けていたところなんです。明日から当店のバーゲンなので♪　帰る前に、準備しておこうと思って。でも、もし、よろしければ、このバーゲン価格で、今夜、お求めいただけますよ♪」と。

おおーー‼　なんという、うれしい出来事♪

値札を見てみると、なんと、昨日の半額‼　そもそもお高い洋服だったので、この半額は、数万円分‼　かなり、お得すぎるのです！

はぁ～、そうだったのか‼「待て」という、昨日の直感は、神は、すでに、このことを知っていたのか♪　と、わたしは、その誘い方に、思わず笑ってしまいました。

このように、**神さまは、時間調整だけでなく、お金の調整（なにかしらの価格調整）までしてくれ、お得感と大きなよろこびとともに、何かを叶えてくれることが、しょっちゅうあるのです♪**

もう、いちいち、バーゲンセールの日をチェックせずとも、心の内なる声さえ聞いていたら、誰よりもお得にお買い物ができてしまうという具合です♪

そして、思い返してみてください。きっと、あなたにも、同じようなことがあったはずです。

ちなみに、直感という神の声が、「待て」というのに、その声をふりきって、そのとき無理に何かを買うと、後で後悔することになりますよ。

そう、翌日、店に行ったとき、「えっ!?　もう一日、待っていたら半額だったの!?悔しい～!!」とね。

ハイ、次へ！　の運命効果

より良い人生に入っていくことになる「法則3点セット」がある！

事の大小に関係なく、この日常で、なにかと助けてくれる直感という神の声は、なにも、いちいちあなたに細かいことをいうために現れるおせっかいな存在でも、でしゃばりでもありません。

あなたに、あなたの望む結果、いや、それよりもっと良いものを与えるために、幸運の流れを通して、ステキなお世話をしてくれますが、用事が終わると消え去る存在です。

つまり、その誘いシステムは、いつでも、次のような「法則3点セット」で働いているものだということです！

《誘いシステム☆「法則3点セット」☆》

1☆あなたに伝えるべき言葉やキーワードや閃《ひらめ》きやアイデアを、
必要な場面、適った時の中で、絶妙なタイミングで与える！

2☆超シンプルな「ワンフレーズ」（たった、ひと言）で、
あなたを瞬時に目覚めさせ、内側から突き動かし、
ド・ストレートに、幸運ゴールさせる！

3☆1、2を通して、天からの「誘いシステム」の役割を終えたら、
スーッと消える。
そして、次の出番がくるまで、無駄にこちらにやってこない。

さて、直感という形をとって現れる神の声は、とにかく、この3つの法則で「誘いシステム」を完了させると、スーッとうしろにひっこみ、また、次に、必要な場面で、あなたを幸運化すべく、うまく運命調整すべく、目に見えない領域で、そっとスタンバイしているのです♪

そっとスタンバイしているといっても、何もしていないのではなく、そのとき、静

かに守護しっぱなしです。あなたのことをね。

そして、神は、いつでも、この法則を使って、ショートカットで、最適かつ最良の形で、あなたを動かし、「ハイ、次!!」を繰り返し行うだけなのです。

その、「ハイ、次!!」「ハイ、次!!」……を行うことで、出来事の、場面の、人生の、円滑な循環を起こし、あなたの望みやお役目を、今世、この地上で、できる限りたくさん、いくらでも叶えてやりたいと思っているだけなのです。

そこにあるのは、自愛に満ちた親心と、無敵の守護です！

その慈愛に満ち溢《あふ》れた守護の中で、わたしたちは、生かされているのであり、それを思うと、感謝しかありません。

そして、その感謝もまた天に伝わるからこそ、さらなる幸運が押し寄せ、あなたはさらに感謝に満ちた人生を生きられることになるのです♪

感覚についていく♪

なぜか今日に限って、そう思う、そう感じる☆
その先の秘密をみる

あなたの内なる世界にやってくる天の「誘い」システムである直感は、なにも言葉やキーワードや閃《ひら》きやアイデアだけではありません。

ときには、何かしらの感覚や、ムードとしてもやってきます。今日に限ってそう思う、やけに、妙に、そう感じる、突然、なにか新しい方向性に気づくというような、〝感じるもの〟の中にも、やってくるものです！

その際も、直感と、そうでないものは、はっきりわかります。というのも、そこには、「いつもはそんなふうに思うことはないのに」「いつもはそうではないにもかかわらず」というものが、絶対に、あるからです！

たとえば、いつも会社帰りに通る道を、「どうも今日はその道でない気がする。なんだか、なんとなく別の道を通って帰りたい」という感覚が、突如きて……素直にその感覚に従って、いつもと違う道を通ったところ、長年、連絡がとれず、どうしているのかと最近ずっと気になっていた人に、偶然、道でバッタリ逢った!! ということがあるものです。

また、行く予定をしていた旅行を、なんだか突然、キャンセルしたくなって……その感覚の通りにキャンセルしたところ、おとなしく家にいたことで、なんらかの災難をのがれて無事でいられ、ホッと胸をなでおろし、直観的な感覚に守られたことに感謝したりするわけです!

また、医者にかかっていたものの、なかなか病状がよくならず……ほかの人からは「もう、病院を変えたら?」と、何度も強くすすめられていたのに、なぜか、「あと少し、ここでいい」という感覚がやってきて……。

すると、その後、自分の担当をしていた医者が突然別の病院に行くことになり、あらたにやってきた新しい担当の先生が、とても腕の良いスーパードクターで、その先生のおかげでうそのように回復した!! ということもあるのです。

また、誰かに「いい人よ」と紹介されたにもかかわらず、そのお見合い相手を紹介されたときに、条件的には完璧で、どこにもイヤなところがないにもかかわらず、妙に、「会わないほうがいい」と感じて、その感じがやまない……。

「こんないい相手は二度と現れないわよ、もったいないわよ」とまわりの人に言われながらも、「やはり断ろう」と、断ったところ、後日、「あの人、結婚詐欺師だったのよ!! 何も知らなくて、紹介してごめんね!!」などと聞いたりして、「ああ、あんな人にひっかからなくてよかった!!」と安堵したりするのです。

そして、その人を断ったあとに、別の人が紹介してくれた人と会ったところ、「運命の人だ♪」と感じ、実際、その直感どおり、結婚することになったりするのです。

とにかく、感覚を通してやってくる天の誘いについていくことも、おもしろがってみてください。そこから、思いもよらぬ運命に出逢うことになり、感動するはずですから！

さて、ここでは仕事を辞めたことと、結婚することが意外な流れでつながっていたという、わたし自身の誘われ方のエピソードをお伝えしましょう。

若い頃、わたしが結婚相手と出逢ったのは、当時、体を壊して、勤めていた銀行をやめ、まったく別の世界に入りたいと、タレント養成所に入ったときでした。

銀行をやめたあと、再就職先を探さねば‼　と、頭では考えていました。ところが、突如、なぜか、ふつうの仕事をする気になれず……そんなある日、「劇団に入れ」という、直感がやってきたのです！

それは、いきなりな感じもしましたが、なぜか、心は〝それがいい♪〟と、最善の答えのように感じていました。もちろん親には反対されましたが。

しかし、どうやって、劇団に？　いったいどこの？　と、思っていたある日、たまたま開いた雑誌に、劇団のタレント研究生募集の広告が掲載されていたのです。

それを見たとき、「あっ、これだ！」と。しかも、オーディションは、まもなくで。さっそく応募し、受けてみたところ、すんなり合格♪

その1か月後、今度は、「昇格テスト」なるものが行われるという発表が劇団から告げられたのです。それに合格すると、上のクラス（テレビ出演できる研究生のクラス）に、上がれることになっていると。

しかも、それは、所属クラスに関係なく、希望者なら、誰でもチャレンジできるものだと。そのとき、なんとなく他人ごとのように、うわのそらでその話を聞いていました。が、突如、それを「受けろ！」という直感がやってきたのです！

その直感に従って、まだ新人であるにもかかわらず、わたしは、あつかましくも、素直にチャレンジしたのです。

すると、なんと!!　数百人ものチャレンジャーの中、受かったのです。たった2名の合格者として。

そして、合格後、初めて上のクラスの教室に入った日、そこに多くの椅子が用意されていたものの、たまたまそこしか空いてなかった場所に、なにげなく座ると、偶然、わたしの目の前に彼が座っていたのです。

その彼を見た瞬間、まだ、なにも、ひと言も会話をしていない、目も合っていないうちに、わたしの中に、「この人と結婚することになる」と、なぜか突然、そんな直感がやってきたのです！

ひと言でいうと、それは、ビビッときた‼ という感覚でしょうか♪

しかし、それは、はしゃいだような感じではなく、どちらかというと、落ちついていたというか、「わかっている」という不思議な感覚でした。

とはいうものの、そのあと自分から話しかけることもありませんでした。なにせ、相手は先輩ですから、こちらから話しかけるなんてことは、当時の若いわたしには、恥ずかしくてできませんでした。

するとそこから1週間もしないうちに、とあるテレビ番組の撮影に呼ばれるようになり、なぜか毎回、彼と楽屋が一緒になり……。

そして、撮影現場に出ると、監督さんがいきなり、こう聞いてきたのです。


「君たちカップルなの？」

「いいえ!!」

「なんだ、違うの。でも、服装のセンスが同じだから、恋人役でいいや。ここにきて」と。


そんな感じで撮影のたびに、何度も、何度も、恋人役として一緒にされるわけです。

そうして、本当に、自然な流れで、仲良くなり、彼に告白され、結婚することになったわけです。その誘いからの運命は、のちに可愛い三人の子どもたちまで与えてくれて。

それにしても、あの感覚と流れは、いま思い出しても、不思議です。

というのも、誰かを見て、いきなり、「この人と結婚することになる」なんて、思ったことなど、一回たりとも、一瞬たりとも、それまで一切、なかったのですから!!

さて、感覚は、あなたの思考より先に何かをキャッチし、体にもの申してくるものです。その感覚を受け取る習慣を持ってみましょう。それは、この日常でもっと不思議な運命の秘密をあなたに明かすことでしょう。

恋のキューピット役をする直感☆運命の人を連れてくる♪

縁結びも得意です☆
それは、目の前にいる運命の人に自然に誘う

何を隠そう、直感という神の声である天の誘いは、「運命の人」を連れてくるのも得意です♪

ここでは、二人の関係が運命的なものになったハッピーエンドな物語をお伝えしましょう。

それは、友人のK君が、結婚することになった、不思議なご縁と流れについてです。

あるとき彼は、成功哲学の勉強会に参加していました。そして、帰りにみんなで、飲み会をすることになったのです。そこには、20名程度のメンバーがいました。

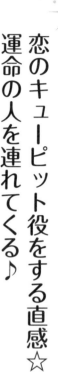

おいしいものを食べたり、飲んだり、たわいない話で盛り上がり、語りあってどれくらいの時間がたったでしょうか……さぁ、もう遅いから帰ろうと、おひらきにして、店を出たときのことです。

その中のひとりの女性が、「あっ、店に忘れ物をした‼」と、店に戻ることになったのです。

みんなは、ゆっくりゆっくり歩きながらも、彼女が忘れ物を手に、駆け寄ってくるのを待っていました。

しかし、なかなか、彼女は戻ってこず……。

そのとき、突然、ふと、K君の中に、「店に戻れ！」という直感がやってきたといいます。それで、その直感に従うべく、店に戻ってみると、まだ、さっきの飲み会のお座敷の部屋の中で、彼女が「ない！　ない！」と、困った様子で探しものをしていたのです。

話を聞くと、ボーナスが出たときに、無理してようやく買った、ダイヤモンドのピアスの片方が、どうしても見つからないのだと。

するとＫ君にまた、こんな声がやってきたのです！「座布団の下を見ろ！」と。

その通りにしたところ、小さく光る、ピアスが見つかったのです!!

その出来事に、彼女は、不思議さと驚きを隠せませんでした。なぜなら、彼女は、ひとりで、すべての座布団の下を見たけれど、そこからは見つけられなかったのですから!!〝でも、なぜか、そこにあったんだ……〟と。

「ああ、ありがとう♪　こんなところにあったなんて！　本当にありがとう!!」

「どういたしまして」

そして、先を進む仲間に近づくために、二人で歩きだしました。そのとき、星がキラキラ輝いていて、二人でそれを見上げて「わぁ、きれいだねぇ♪」と、目を見て、ほほえみあったと言います。

もう、仲間たちは、まったく見えなくなっていました。

夜の道を、二人でゆっくり歩いているとき、K君は、ふと突如、こう思ったのだと言います。

「この子と話すために、戻ったのか」

すると、**次の瞬間、なぜか、突然、「あっ、この人と結婚することになる」という直感が。**

なぜ、そんなふうに思ったのかは、自分でもまったくわかりませんでした。なぜなら、別にこれまで、自分は彼女を気にかけたこともなく、特にタイプというわけでもなく、話したいとか、近づきたいと思ったことすらなかったわけであり、どちらかというと、これまでよく見ていなかった相手なのですから！

しかも、この飲み会でも、離れた席にいたので、まったく話しておらず、勉強会の教室でも、これまで一度も、話したことはなかったのですから。K君はいつも男同士で、彼女はいつも女同士で、話していたということもあり。

しかし、**この出来事によって、二人は〝並んで歩く瞬間〟を持つことになったのです！**

K君は、この心のつぶやきを、直感的にやってきた感覚を、誰にも話さずにいました。

けれども、その出来事がきっかけで、彼女と親密になり、つきあうことになり、なんと、その後、結婚したのです!!

結婚したとき、K君は、不思議に感じていたその日のことを、彼女に話したのです。なぜか、「この人と結婚するかも」という直感がきたのだと。

すると、なんと!! 驚くことに、彼女も、「えっ!? あなたも!?」と。そして、続けてこう言ったといいます。

「実は、あのとき、あなたひとりだけが店に戻ってきてくれて……あなたが部屋に入ってきた瞬間、ひときわ明るく光ったように見えて……。

その瞬間、〝あっ、この人と結婚する！〟と、なぜか突然、そう感じたの。そして、〝ああ、この出逢いのために、今夜、ピアスがなくなったのか！〟と、思ったのよ」と。

神はいつも、結ばれるべき者同士を、うまく結びつけるための方法を心得ており、幸せと感動の結末を微笑んでプレゼントしてくれるものです。

あなたに先の予定を伝えにくる☆「未来直感」とは⁉

もう、お膳立てされていますよ☆
神はそれを伝え、あなたをせかす！

ときには、その神の声である直感は、あなた自身より、あなたのこの後の計画や物事の流れや時間配分さえもよくわかっている存在となり、優秀なマネージャーのような役割をしてくれることがあります。

さて、ここでは、今年わたしに起こった、未来を調整するかのような、スケジュール的なことに介入してきた直感についてのエピソードをお伝えしましょう！

ちなみに、**スケジュール管理し、運命を必要なゴールへ誘う直感を、わたしは、「未来直感」と呼んでいます！**

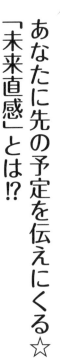

その神の声であるお知らせは、絶妙なタイミングで、ふさわしい言葉で、超シンプルな言葉で、〝いま、何をすべきか〟のみを、単刀直入に教えてくれ、そのあとの流れをつくり、幸運化してくれます♪

それは、今年、2月に入ってすぐのことでした。

実は、わたしは、今年あけてから、いつになくのんびり、ゆったり、マイペースで過ごしていました。そして、「ああ～、今年はなんだか久しぶりに、おだやかな春がきそうだなぁ～♪」などと、のんきにしていたのです。

そんなある日、ブログを書き終え、デスクでボーッとしていると、突然、こんな声がやってきたのです！

「今週中に、すべての仕事を片付けろ！」と、直感が‼

それは、〝このあとの時間をたっぷり確保せよ！〟というムード満載のものでした。とにかく、そうすべく、〝いまを急げ!!〟というような、なんだかいきなり、せかされたような、つつかれたような感じでもありました。

しかし、その時点では、特にそうしないといけない理由も予定も用事も、わたしにはありませんでした。それゆえ、なぜ、いま、そうしないといけないのかもわかりませんでした。

「いったい、なんじゃい、この声は？　別に、なんも、急がないといけない予定も、入っていないのに!?　なんで、そう思うのか、不思議だ」と。

しかし、**直感は、無意味にはやってきません。**

やってくる限り、ちゃんと意味があり、神の意図があり、こちらにチャンスを与えたり、救ったり、何かを円滑にしたり、スピーディーにしたり、そこから引き上げたり、より楽にするために、もっと幸せにするためにやってくるもの！

それをわたしは、わかっていました。なにせ、つねづね、直感とつき合っているわけですからねぇ～。

それゆえ、その時点では、なぜそうしないといけないのか、理由はわからなくても、そうしたい気持ちにかられるので、そうすることにしたのです。

ちなみに、**直感である神の声がやってきたとき、わたしだけでなく、たいがい、人は、なぜ、いま、この場面で、そんな言葉がやってきたのか、なぜそう浮かぶのか、なぜそうしないといけないのか、まったく理由がわからないものです。**

しかし、理由がわからなくても、そうすることで、天の道筋が現れることだけは、確かです!!

それで、わたしは、素直にそうしようと、片付けられるものをせっせと片付けていったのです。ついでに、春物の洋服を出す際にしようと思っていた家の大そうじまで。

いいですか！　直感は神の声！　絶対に意味がありますからね♪

それは、いちいち、「なぜ、あなたにこんなことをいま言うのかというとね、それはね……」などと、細かい理由や説明をしてくれません。

ただ、いま、このタイミングで、あなたに知らせるべき必要なことを、単刀直入に、伝えてくるだけです。

たとえるとそれは、上司がいきなり、「君、これ、コピーして」と、言ってくるようなもの。

その際、上司はあなたに、なんのためにそれをいまコピーしなくてはならないのかをいちいち説明しないのと同じです。

「ねぇ、君、デスクで必死に仕事をしているところ、大変申し訳ないんだけど、13時からの会議のために、これを、いま、コピーしてほしいんだ。

ミスや過不足がないかを、僕の手の空いているうちに確認したいから。そうしてから、みんなに資料を配って、会議に臨みたいんだよ」などと、だらだら説明しないものです。

そういう説明をとばして、上司は、「君、これ、コピーして」と言うだけです。

あなたにとっては「もう～、いきなり、なんやねん！」という話ですが、そのとき、上司のほうでは、そのあとその資料とともに会議をする「スケジュール」が入っていることは、はっきりわかっているわけです。

わかっているから、必要なことのみをあなたにさせたのです！

直感である神の声も、然《しか》り!!

単刀直入に、シンプルに、すべきことのみを伝えてくるからこそ、こちらも、いま、何をすればいいのか、むしろ、よくわかるというものです！

とにかく、**毎回のごとく、直感には、圧倒的な予感があり、そうするのはいいことだ、そうすべきだ、素直にそうしたいと、はっきり自覚させられるムードがあり、それゆえ、そうするしかなくなります。**

そして、今回、わたしは、「今週中に、すべての仕事を片付けろ！」という、直感を受けた瞬間から、そのとき手元にあった急がなくてもいいものまですべてを、とにかく急いで片付けたのです！

予定に入れようと思っていた講座やセッションはもうちょっと先へとスケジュール移動させ、とにかく、直感がきた日から約2週間のうちに、つまり2月中旬までに、手元の仕事や用事を片付け、「空白の時間」をたっぷり確保したのです。

すると、そのあけた「空白の時間」に〝執筆すること〟が、まるで宇宙の予定に入っていたかのように、予定していなかった出版（といっても、潜在意識的には望んでいた、ずっと世に出したいと思っていたテーマで本を書くチャンス）が、一度に数冊決定したのです！

そして、そのとき、わたしのつくった「空白の時間」という〝タイミング〟を使うのが、まるで当然であるかのように、突然、編集者から連絡があり、こう言われたのです。

「佳川さん、前、会ったときに話していた、あの企画が通りました。それで、突然で恐縮ですが、もう書き始めてもらって、3月17日までに脱稿してもらいたいのです!! 急にバタバタさせて申し訳ないのですが、今回の本は、進行を急ぎたいので♪」と。

しかも、同時に、別の担当者からも、こう連絡が入ったのです。

「先生、さっきのお食事の席で何気なく話していたあのテーマ、帰り道で、〝これは絶対にイケる!!〟という直感がきたので、いきなりで悪いのですが、すぐ書き始めてもらえませんか!?」と。

ああ〜〜〜 スケジュールを空けておいて、よかった♪

もし、あの直感の通りにせず、「空白の時間」の余裕を創っていなかったら、「いいですよ♪」と即答できず、チャンスをつかみそこねたかもしれません。

そして、「今回は、こうなるのか♪　それで、直感は、〝今週中に、すべての仕事を片付けろ！〟〝時間を確保せよ！〟とやってきていたのか！」と、そのあとの展開と幸運の流れの完璧さに、またもや驚き、よろこんでいる次第です♪

それにしても、「スケジュール管理」がばっちりすぎる直感という神の声の誘い方には、笑ってしまいます。

注意を促す〝体のサイン〟をみる！

身体的感覚の神秘☆
胸のつまり・通り、胃の快・不快、動悸、汗の真実

さて、あなたの内なる神の声は、心でわかる〝思い〟だけでなく、それより先にわかる〝体〟という「身体感覚」を通して、あなたを誘うことがあります。
たとえば、なにかしらの快・不快を通して、その先の展開や結果の良しあしを、あらかじめ教えてくれることがあるのです！

身体的感覚としてやってくる直感について知っておくと、あなたは何かを判断するときや、重要な局面で、選択を誤らず、あらかじめリスクを回避でき、正しく、安全に、進むべき方向へと、ハッピーに誘ってもらえます！

たとえば、あなたが何かしらのローンを組むときや、契約をしようとしたとき、申込用紙や契約書に必要事項を書こうとしたり、署名しようとしたり、印鑑を押そうとしたときに、突然、冷や汗が出たり、指先が急に冷たくなったり、胸がつまったり、動悸が激しくなって、「ちょっと、待て!」「やはり、やめたい」「怖い!」と感じることがあります。

そのときは、絶対に、その感覚を無視せず、言う通りに「待て!」に従い、冷静さを取り戻し、その申込や契約をあらためてみるようにしてください。

その冷や汗や、胸のつまり、指先の冷たさ、胸のつまりこそが、「身体的直感」であり、その感覚を通して、「いまではない」「それではない」とか「ここで契約するな!」「この業者は違う!」「契約後に大変なことになるぞ」などと、天が注意を促し、あなたが未来を安全に進めるよう、教えてくれているからです!

なにかを契約するとき、ときに人は、自らの意思で申し込むのではなく、相手に強く押され説得させられて、そうしてしまうことがあるものです。

しかし、納得していないまま、あるいは、一見、納得してそうに見えて、本当は心のどこかで心配している要素があるとき、あるいは、将来的に何らかのリスクが隠されているのに、見抜けていないとき、あなたの中の安全システムが働き、「身体的直感」が、あなたの体のすべてを使って、如実に真実を語っているわけです！

もし、本当に、それを契約してもいい、むしろ、契約することであなたに何か得るものがあり、その場面から救われ、良い結果を手に入れるという場合なら、「身体的直感」は、そのような不快なものをあなたに一切、与えません。

むしろ、それがあなたにとっても、相手にとっても、あなたの未来にとっても、かかわる人にとっても、良いものなら、「身体的直感」は、一瞬で「明るい気分になる♪」「うれしい♪」「わくわくする♪」「未来に良い予感を感じる♪」「ハッピーな気分や高揚感で満たされる♪」というような、よろこばしくポジティブな快感を、送ってくるものです。

胸は詰まるどころか、逆に、窓でもついているのかというくらい、スースーと爽やかな風が通り、晴れやかで、軽やかで、すがすがしいもの♪

いいですか!! それがなんであれ、直感という神の声は、無駄にあなたの何かを止めたり、邪魔したりしませんからね。それを覚えておいてほしいのです。

不快なものがあるなら、いつでも、「ちょっと待て!」です!

止めるというときには、止めるだけの理由があるということであり、あなたより先に、神はその先の展開や結果を知っているからこそ、「やめとけよ」と、伝えるために、守るために、無事でいさせるために、身体的感覚をよこすのです。

不快さを充分味わえば、それ以上あなたは、おかしな業者にだまされたり、危ないものにかかわったり、おかしな契約をしなくてすむのですからねぇ〜。

また、ときには、あなたが誰かに会いに行くとか、なんらかの会合やパーティーに行く予定であったにもかかわらず、行く当日になって、出かけるしたくをしようとすると、なんだか突然、行きたくない気分になったりすることがあるものです。

時間がおしているのに椅子から立ち上がれないでいたり、メイクをしようとしても気が重く、動作が遅くなるというようなことが、ときには、突然、頭が痛くなったり、胃がキリキリしたりして……。

そういった場合も、「身体的直感」からのサインであり、それを通して、「行かないほうがいいよ」と、あなたを止めているのです。あるいは、「本当は行きたくなかったよね？」と、本音を確認されているのです！

それは、その日なのか、その時間帯なのか、行くこと自体の中止なのか、行った先にいる人の問題なのか、その時点では、なんのことだかわかりませんが、とにかく、行かないほうがいいと、その不快を通して、あなたを阻止し、神があなたを守っているわけです。

たとえば、その止められていたことの答えを、翌日のニュースを見てわかったりします。
「本来、その時間帯に出かけていたら、まちがいなく、あの道を通り、昨日の事故に巻き込まれていただろう……ああ、こわっ！　あの日、あの時間に、あそこを通らなくて、よかったわぁ～」などと。

あるいは、後日、「実は、あのパーティーでね、こんなことがあったのよ」と、そのパーティーに行った友人から後日談として、行かなくてよかったことの真相を聞かされたりするものです。そして、もし、行っていたら、自分もそのパーティーで、そのいやなことに巻き込まれ、とばっちりを食っていただろうと。

あなたが誰かに会いに行くとか、どこかに出かけるというとき、もし、そこに行ってもいい、むしろ、行くとそこで素晴らしい出逢いがある、良い出来事とチャンスが待ち受けている、というような場合は、「したくをする気がしない」「どうも乗り気になれない」「やめようかなぁ」という感覚などは、一切、起こらないものです。

行くのが正解なら、あなたは誰に何を言われなくても、うきうき、ルンルンと、楽しい感覚に満たされており、なんならとんでもなく早めにしたくをしたりするもので、行くのが待ち遠しくてたまらず、笑顔で鼻歌など唄いながら、いそいそ出かけていくものです♪

それは、まさに、「今日はいいことありますよ♪」という「身体的直感」からの、幸運な予告になっているもので、行くとうれしい何かを必ず収穫できます♪

求めていた答えをくれる☆現象予告の神秘♪

そのとき、シンクロニシティが起こる!!
「運命のゆくえ」を読み取れる!!

あなたの内なる世界にやってくる直感という神の声は、ときに、あなたの遭遇《そうぐう》する外側の現象を通して、大切なメッセージを伝えにくることがあります。

それをわたしは、「現象予告」と呼んでいます。

「現象予告」というたぐいの直感である神の声＝〝天の誘い〟は、あなたがなにかを夢みて、ピュアな気持ちでチャレンジし、がんばって努力し、望む人生へとけなげに進んでいるときに、現れやすいものです！

といっても、あなたが、イケイケどんどんと、めっちゃ絶好調のときではなく（まぁ、そんなときも、現れる場合もありますが）、調子のいいときではなく、どちらかというと、心ない他人の言葉や態度で傷ついたり、自信喪失したり、思い悩んでいるときに、あなたを励ますかのように現れるものです。

あなたが、あなた的にも、神様的にも、天のミッション的にも、〝今世、正解の道にいるにもかかわらず〟、いつになく落ち込み、不安になり、自分らしさを見失っているときなど。

「もう、この道に進まないほうがいいのかなぁ……やっぱり、わたし、もうダメかも……」などと、気弱になったとき、神はその瞬間を見逃さないかのように、間髪入れず、あなたを励まし救うために、「その道でいいんだよ」と伝えるために、やってくるのです！

その現象は、たいがい、ふつうのあなたの日常に、ごくナチュラルな形で、やってきます。

たとえば、たまたま入った喫茶店の隣に座っている人が話している会話の言葉を通して、すごい励ましをくれたりします。

そう、「大丈夫よ！」「あなたなら、うまくいくわ♪」「心配いらないって、絶対いい結果になるから！」などと。

しかも、不思議なもので、隣の人がさっきから何を話しているのかはまったく聞こえていなかったのに、やけにそのセリフだけが一瞬、大きな声で、耳に入ってくるので、ハッとするものです。

あるいは、街ですれ違った人の発した「次は、お前の番だよ」「楽勝だね」などという言葉で、一瞬ぞくっと、武者震いすることがあるものです。それも、神のエールです！

また、街角のポスターに、そのとき、最もほしかった言葉があったりします。

「勝利！」「最高!!」「おめでとう」などと。

また、何かしらのチケットの番号、切符の番号、車のナンバー、どこかの部屋の番号が、ぞろ目になっていたり、誕生日や、なにかしら意味ある番号になっていたりするのを、見せられることもあります。

そのとき、その数字は、その人だけが知っている数字の意味を強調しているものです。

また、雑誌の広告、ふと目をやった先にあるものなどなど、さまざまなビジュアルを見せてきます。

そういえば、以前、こんなことがありました。仕事で海外に行ったときのことです。しばらく大好きな彼に会えなくてさみしい想いをしていて、「会いたいなぁ～。帰ったら、一番に逢いに行こう♪　と、せつない気持ちを募らせ、ふと、何気なく空を見上げると、なんの宣伝広告のための飛行機なのか、「ＬＯＶＥ　愛している！」という文字が青空に白く描かれていました。

それは、まさに、神がくれた愛のメッセージであり、現象予告♪　すると、帰国したら、真っ先に彼がその言葉を言ったのです！　いつもはあまりそんな言葉を口にしないのに!!

いつでも、「現象予告」は、あなたのために、あなたにだけわかるように、あなたの目にしっかりと入るように、あなたの耳にしっかり聞こえるように、最も適ったことを送り込んできます。

復活のサインは、〝誕生日の数字〟でやってきた！

本人にだけわかる☆ いちいち他人にわかってもらう必要はない

前項の「現象予告」にまつわる話を、ここでもひとつお伝えしましょう。それは、数年前、わたしが倒れたときのことです。

そのとき、あまりの状態の悪さに救急車で病院に運ばれたとき、「もう死ぬかもしれない……」と絶望的な気分になっていました。

しかし、看護師さんに「こちらがあなたのお部屋になります」と、ストレッチャーをガラガラ押されて入った病室は、711号室。それは、誕生日の数字でした。それを見た瞬間、わたしは「助かる!!」と、一瞬で、明るい気持ちになったのです。

病室の入口に貼られていた、それは、とても小さなプレートであったにもかかわらず、わたしの目に飛び込んできたとき、まるで漫画のように、一瞬バーンと大きくなって、ピカッと光ったのです！

いつでも、神は、「現象予告」をするとき、最も伝えたいこと、ポジティブに解釈し、明るくいい方に悟るべきことを、バーン！と、大きくクローズアップして見せるもの！

もちろん、わたしだけが大きくクローズアップした数字を見たまでで、ストレッチャーを押していた看護師さんには、いつもの小さなプレートでしかないわけですがね。

そして、わたしは、その病室に入れられたことで、「死なない！　むしろ、もう一度、ここで、生まれ変わるんだ！」「新しいわたしと人生が生まれるということだ！」と、瞬間的に感じたのです！　まだ、何も治療していないのにわかったのです‼

その後、元気になったわたしは、視えたり、聞こえたりする力も強まり、ますます目に視えない高次の領域に興味を持ち、神様関係の本の依頼も増えたわけですが。それも、ある方向への誘いになっているのかもしれません。

さて、やってきたものが「現象予告」かどうかを、どうやって、判断すればいいのでしょうか⁉

はい、お答えしましょう！

答えは、体感したものを素直に信じればいいということです。「現象予告」に出逢ったとき、たいがい一瞬で神秘的なムードに包まれ、ハッと目覚め、泣きだしてしまいそうになるくらい感動し、魂ごと震えてしまうものです。

そのような「現象予告」は、本人が、ポジティブに解釈することで、救いになり、人生好転を叶えるものとなります！　もちろん、その意味は、本人にしか、わかりません。が、それでいいのです！

もし、「病室が自分の誕生日の数字だったのよ」と他人に話したところで、「そんなこと、ただの偶然よ。たいそうに言わないで」などと、茶々を入れられて終わりです。

それゆえ、わかっておきたいことは、いちいち、他人に、「わぁ、すごいね！」「わぁ、神秘的ね！」などと言ってもらう必要はなく、理解してもらう必要もなく、〝神とあなただけが、わかっていればいい〟ということです。

なぜって、天は、あなたに悟らせるためにそれをよこしたまで、なのですから、他人がその意味を悟らなくても、別にかまわないのです。

Chapter

3

神秘をリアルに、「受け取る」方法

取り扱い方をマスターしてください☆
もれなく、望む世界が現れます♪

理由を探すのをやめてください

それよりもっと重要なことがあるから、
天はいきなり言葉を放つ！

いつでも、直感という神の声、つまり、天があなたをより良い方へと誘うシステムは、あなたがその場で、いますぐひろえるお手軽「チャンス」をもたらすユニークな贈り物です。

あなたに、その時、その場で必要な方向づけをし、その先のすべてを安全安泰にし、運命をハッピーエンドにしてくれます。

それゆえ、**直感という神の声がやってきたら、示されたものに沿って、「即対応」することが、なにより重要です。**まあ、言われなくても突き動かされますがね。

そのとき、いちいち、「なんで、今、この言葉が浮かぶのだろうか」「なぜ、突然、こんなことを思うのか」「どうしてそのキーワードがひっかかるのか」「なぜ、目の前の人に、こんな違和感を?」「どうして突然、予定した行事に対して、こんな予感を覚えるのか?」などと、理由を求めたりし、意味を探ろうとしたりしないでください。

また、「このあと、いったい、何が起こるのか?」を、あらかじめ知ろうとしないでください。

理屈や理論でそれがやってきたことの意味を、その正当性を、解明しようとしても無駄です。

なぜならどんなに考えたところで、人智であらかじめ知ることなどできないからです。というのも、それは神秘の領域からやってきているのですからねぇ〜。

天のやり方は、いつでも、ちっぽけな人間の器や了見など、こちらの想像など、はるかに超えるやり方を使い、こちらを完全に魅了するものです!

あなたが、直感から啓示を受けているのに、そのことに対して動く前に、「なぜ、いま、わたしがそうすべきなのか、理由を教えてほしい！」などと、天に対して、屁理屈を言っていると、タイミングがずれ、神秘の力が、魔法が、消えてしまいます。

しかも、行動するまえに頭でややこしく、「意味をわかってから、動くつもりだ」などと、ほざいていると、神秘ではなくなり、奇跡のコースが現れません。頭の思考レベルは、人間レベル。しかし、直感は、天からくるので、宇宙レベルです！

示された誘いに素直に乗り、小さな何かをひとつ行動に移せる人だけが、神の用意した素晴らしい運命に同調できるのです！

やってきたガイダンスを採用しないと、どうなる?

まさか、神からの贈り物を扱わない⁉ そんなとき、あなたはこうなる!

そのときどきで現れる直感という神の声は、シンプルな言葉や手段、スムーズな流れ、感動的なやり方で、あなたをハッピーに助けるために、よろこばせるために、安堵させるために、やってきます! それは、運命をハッピーにサポートしてくれる心づよい協力者♪

こんな、ありがたい存在を、わざわざ屁理屈をこねて、無視する必要もないのです。対応しないという選択など、ないのです。

しかし、もし、神の声である直感を無視し、とりあわなかったら、どうなるのでしょうか?

ズバリ、大きな代償を支払うことになります！

たとえば、それは、本来なら、あなたがすんなり得られるチャンスと宝物を、みすみす失うことになるということです。また、不快な気分や経験をするはめになるということです。また、なにかしらの損失があるということです。

もちろん、ここでそんなことをお伝えするのは、怖がらせるためではありません。あなたにそのような代償を支払わせたり、不快や損失を与えたりしたくないからこそ、です!! 優しい親心で言っておきたいわけですよ～。

では、とりあわなかったら、どうなるのか、見ておきましょう！

《直感という神の声を無視したら、あなたはこうなる！》

1☆直感がきたのに、それをとりあわないでいると、ずっともやもやする。

2☆直感がきたのに、無視して、なにも行動を起こさない時間を過ごしていると、他のことをしていても、気がかりでならず、そわそわして、何も手につかなくなる。他のことも集中できない！

3☆直感がなにかを「断れ！」「行くな！」「それではない！」と言っているのに、その忠告を無視して、なにかを強行突破すると、「ああ、断ったらよかった」「行かなきゃよかった」「なんでこっちを選んだのだろう」と、必ずと言っていいほど、後悔するような、いや〜な目に遭う。

4☆直感が「いま、そこに電話しろ！」と言っているのに、すぐにとりあわず、「あとでいいか、そんなこと」と、のんきにし、後回しにしているうちに、チャンスをつかむタイミングを外してしまい、時間経過してから電話した際、「ああ、それはもう締め切りました」「さっき、終了しました」「あなたより一足早くお電話くださった方に、それをプレゼントし、もうありません」などと言われ、おそまつな結果になる。ほんま、遅いからやで、あんた！

5☆直感が、取引先や仕事相手や担当者や、その仕事自体の何かを

「こう変えよ！」と、特定の言葉やキーワードやヒントや答えを差し出しているのに、とりあわないまま、進もうとすると、二度手間になることが起こったり、時間ばかりかかってエネルギー消耗したり、さらにやっかいなことや、いらいらすることが起こったりする。
また、停滞、キャンセル、変更が起こり、完成する前に何かがおじゃんになるということが起こりがちになる。

6☆直感が、予約していた飛行機やバスなど、「キャンセルせよ！」と圧倒的に悪い予感で伝えているのに、「キャンセルするのはもったいない」などと、キャンセルしない理由を頭の考えで優先させ、もし行ってしまった場合は、規模の大小にかかわらず、何らかの事故に巻き込まれる恐れがある。

7☆直感が、前に進むための最良のアイデアやヒントや答えをくれているのに、それを採用せず、自分の頭の考えだけで、前に進むことにこだわっていると、途中、戸惑ったり、迷ったりすることが出てきて、悩み続けることになる。

8☆直感が、なにかしらの答えをはっきり示してくれているのに、それを信じず、採用しないで、そのまま前に進もうとすると、さらに、「どうしていいかわからない」という状態になり、完全に迷路に入ってしまう。

9☆直感が、素晴らしい言葉やキーワード、アイデアや閃《ひらめ》きを差し出してくれているのに、その価値をわからず、採用しないまま前に進むと、自力のみではあっぷあっぷすることが出てきたり、自分の狭い了見程度でしか物事を動かせず、ほとほと難儀する。

10☆直感が、あなたの夢を叶えるためのキーワードや閃きやアイデアやヒントを与えてくれていて、自分では採用したいのに、そのための行動をしなかったり、他者の意見によって阻止されたりすると、
一瞬で、自分の中からしゅるしゅるしゅる〜と空気が抜け、元気がなくなり、

自分を見失ったような、夢を失ったような、絶望的な気持ちになり、
死んだような気分になる。

まあ、以上のようなことが起こるということです。それゆえ、せっかくやってきた素晴らしい直感という神の声＝天の誘いをちゃんと受け取り、生かしましょう。

さて、この人生を進んでいくとき、人は、いま目の前にある、一瞬、一瞬の時間と場面を、超えていくことでしか前に進むことはできません。

その一瞬、一瞬が、つねに、何らかの方向性を示しており、人は、そのつど、選択と決定をして、進んでいくわけです。

そのとき、直感は、あなたがよりスムーズに、楽に、ハッピーに、前に進めるよう、グッドタイミングで現れる「恩寵」です。

うまくみかたにつけて、素敵な運命を叶えていきたいものです。

信じてください☆ 結果はお約束しましょう！

疑ってもらっては困ります☆ 過小評価NG！ 高い信頼度が自慢です♪

この世の中には、直感で何かを決めたり、行動したりすることに、「信じてもいいのか？」と、まるで直感を危ういもののようにとらえる人がいるものです。親やまわりの人から、「直感だなんだと言っていないで、もっとよく考えて行動しなさい！」などと、言われたりして。いや、自分自身もまたそう思っていたりして。

そんなふうに、直感に対する理解度が低く、価値評価がしっかりできておらず、それゆえ、ちゃんと扱う術も知らないでいて、非常にもったいない生き方をしているわけです。

直感は、危ういものでもいい加減なものでも、あてずっぽうでもないし、一か八かで使わなくてはならないような勝負まがいなものや、不安定なものではありません。

それは、あなたにとっての「チャンス」であり、「吉的暗示現象」であり、「天の恩恵」という贈り物！　むしろ、頼りにしてもらっていいもので、そうあってこそ、あなたを奇跡のコースへ誘うことができる「神の意図」そのものです！

そもそも頭で考えた程度のことは、人間規模。たかが知れています。予想通りになるどころか、まぁ、こんなものかという程度。しかも、まちがった考えや理屈は、ときどき失敗を招き、こんなはずではなかったということもあるもの。

けれども直感は、神の意図であり、聖なる啓示であり、パーフェクトな天の誘いであり、宇宙規模のもの!!　宇宙規模であるがゆえに、一人の人間が死ぬほど努力したとて追いつかないようなすごすぎることを、コロッと軽く起こさせてしまうわけです！

それも一瞬で!!

人間が、必死に自力の思考のみで頑張ったところで、天の誘いには、勝てません！

というのも、人間と神では、持っている智慧や人脈や、やり方や方法、物事の運び方や、結果の品質や、運命レベルに、雲泥の差があるからです！

ピンチの中でも、神の声をキャッチせよ

神はあなたを決して、見捨てない☆
たった、ひと言で助けます！

神の声である直感は、天災や人災など、大きな災難や事故の場面にいる際には、瞬時にやってくるものです。

そして、ピンチの中で、やってきた直感に従って行動したところ、無事、救われたという人は多くいるものです。

それゆえ、ピンチのときこそ、理論や理屈ではなく、直感をみかたにつけたいものです。


急を要するときや、ピンチ、逆境の中でこそ直感に従いたい理由は、人間が混乱し、不安になっているときの思考や理論、理屈や判断は、間違うこともあるからです。

そういえば、ある偉人が、次のような言葉を伝えています。

「判断はまちがうことがある。だが、直感はまちがえない」


それは、神の領域からくるものだからです！


たとえば、わたしの知人は、あのニューヨークでの魔の9月の惨劇の際、自分がいたオフィスビルが大きな火を噴きあげたといいます。

人々は悲鳴を上げ、混乱していました。多くの人が上へ上へと上がってきて、上層階はパニックでした。

しかし、そのとき、彼女の中に、突如、「下に降りろ!!」という直感がやってきたのです。それは圧倒的な予感を持っていて、そうすべきだと確信したといいます。

そうして、彼女は、急いで廊下に出て、下へ降りようとしました。

ところが、下から上がってきた人たちは「上へあがれ!! 火がくるぞ!! 上に昇れ!!」と叫び、とてもあわてて混乱している様子でした。

しかし、彼女の中の「下に降りろ！」「外に出ろ！」という声が、強く、強く、やってきていたのです。

そして、彼女は、「上にあがれ‼」という男性の叫び声とともに階段を上がってくる人たちの群れを必死でかきわけながら、自分についてきた数名のスタッフと一緒に、猛スピードで下に降りていったのです。

その神の声のおかげで、無事、外に出ることができ、仲間と抱き合い、安堵することができたのです！

しかし、無惨にも、「上に行け！」とパニックになって、下から上がっていった人たちは……。

このように、直感は、どんな場面の中でも、シンプルで適切な言葉で、救いを差し出してくれるのです。

では、なぜ、同じ場面にいても、その直感がやってくる人と、やってこない人が、いや、やってきている直感をキャッチできる人と、できない人がいるのでしょうか？

答えは、ピンチの中でも、逆境の中でも、一瞬、「冷静な瞬間」、つまり、神の声がやってくることができる空白のハートのスペース、無音の瞬間を、自分の中に持つことができたかどうかに、あります！

本来、神は、誰の中にも、助け船を出してくれているのです！　誰かにだけ直感を与えて、誰かには与えないということは、ありません。

誰にでも、与えているのだけれど、うまくその声をキャッチできない人がいるのは、一瞬、静寂になることをしたかどうかの違いであり、その違いは、大きく運命を変えることにもなるのです！

重大な局面こそ、直感でいく♪

解決すべきことが待っている☆そのときの直感の「正しい授かり方」

世に出て名をはせる成功者や、素晴らしいリーダーや経営者、偉人たちのなかには、やってきた直感という神の声を採用し、人生の重大な問題や局面をうまく抜けてきた経験を持つ人たちが、多くいるものです。

素晴らしい神的経営をすることで有名な、T社の社長も、そのひとりでした。

あるとき、T社のミスで、取引先と大きなトラブルを抱えてしまい、大変な局面を迎えたことがあります。そのとき、最初、そのことを社員たちは社長にひた隠しにしていました。バレたら、ただではすまない!!　と。当然、自分たちは首になるだろうと。

しかし、首になるだけならまだしも（ほかの会社に転職すればいいだけで）、相手の会社がT社を訴えてくるとなったら話は別!!

とうとう隠せなくなり、社員たちは、青い顔をして、社長室にすっ飛んでいったのです。

「社長、実は、大変なことが起こっておりまして!!　これこれしかじかで……もう、どうしていいかわかりません!!　社長、いままで黙っていたことお許しください!!

自分たちでも何とかしようとしたのですが、ここまできたらもう無理です！　限界です!!　いったい、どうしたらいいでしょうか!?」と。

すると、その話を聞いていた社長は、さぞかし激怒すると思いきや、社長は報告された悲惨な内容にも顔色ひとつ変えず、黙って聞いていたかと思うと、スクッと立ち上がって、こう言ったのです。

「そうか。大変なことになったんだな。わかった……。そしたら、俺は、コーヒーを飲んでくるね。すぐ戻るから」と。

それを聞いた社員は、驚いて、こう言ったといいます。

「社長、のんきにコーヒーなんか飲んでいる場合じゃないんですよ!! あの……」と言おうとしたら、社長はすかさずこう言い放ったのです!

「そんな、大変なことが起こって、早く何とかしないといけないというのなら、なおさら、判断を間違うわけにはいかない!!

どうするのが最善なのか、その答えを受け取るために、俺は、ひとり、静かになって、くつろぐんだよ、わかるか!? そうしないと、神の言葉は降りてこないんだよ!!」

リラックス☆その、すごい効能!!

わさわさしない！　まぁ、いったん落ち着いて！
奇跡はそのあと来る♪

わかっている人だけがわかっていること、それは、神の声を聞きたいなら、「ひとり静寂な時間」を持つこと〟です！

そうお伝えすると、「自分の部屋でひとりにならなくてはならないのか？　だとしたら、自分の部屋がない!!　家族がいて、うるさい!!」「どこか静かな場所に出かけている余裕がない!!」などと、言いたがる人がいるものですが、そうではありません。

「ひとり静寂な時間」を持つのに、なにも、完全個室や、遠くの森へ行くことにこだわる必要はありません。

というのも、**直感という神の声をキャッチする「ひとり静寂な時間」というのは、心的態度のことであり、たいがい、ほんの何秒程度のことであり、一瞬でいいからです！**

たとえば、あなたの隣でお母さんがテレビを観て笑っていようが、会社の中で人がいっぱいいいようが、電車の中だろうが、街中を歩いているのであろうが、そんなこととは関係なく、人は、一瞬、自分の内に入り、静寂を持つことはできるものです。

いつでも、神は、その静寂の一瞬を、絶対に見逃さないものです。

静寂を迎える最も良い方法こそ、リラックスすること、ボーッとする瞬間を過ごすことです。

あなたが、なにか、ほしい答えや、求めているアイデアや企画、どうすべきかの選択と決定、抱えている問題があるなら、ひととき、ソファに座ってコーヒーを飲んでリラックスしたり、窓の外を眺めてボーッとしたり、ちょっと近所を散歩したり、してみてください。

そして、「まぁ、また、直感が降りてくるだろう♪」という感じで、楽観的にいるのです。

すると、かならず、自分の内に、一瞬の静寂が訪れます。そのとき、あなたは、空白になっているのです。

その空白の状態にあるとき、目に見えない神の領域と、無意識に交信していることになり、なにかが、ふと、降ってくるのです！

いつでも、リラックスすることなしに、直感に、神に、出逢うことはありません。自分の中を静かに整えたとき、はじめて天の誘いを迎えられるのです。

天がみかたなら、誰も邪魔できない♪

神がいったんあなたに恩寵を与えたら、他人の関与や邪魔も排除する

ときに、直感という神の声は、なんらかの仕事を通して、あなたをさらに高みに引き上げるために、すごいアイデアや企画をタイミングよく、与えてくれることがあります！

それは、他の誰も持っていないもので、新鮮で、フレッシュで、価値の高いもの!!

そして、かかわる人達全員に、有形・無形の大きな財産と誉《ほま》れな結果を残すことがあるものです。

それをひとたび世に出したなら、とんでもなくすごいことになる!!

なにせ、神のアイデアですからねぇ〜。

そして、あなたは、素直にそれを採用しようとする♪

わかっておきたいことは、ふつう、素晴らしいアイデアや閃《ひらめ》きや企画を出したときには、たいがいは、共鳴する仲間、キーマン、サポーター、お客さんなど、多くの人が、幸運の流れのボルテックスを生み出し、良い結果を生み出すものです。

ところが、ところが!! あまりにもすごいもの、良すぎるもの、世の中にヒットを生み出し、それまでの流れをガラッと変えてしまうほどの影響力を持つものは、なぜか、なぜか、そのアイデアや閃きや企画を実行するのを、邪魔する人が現れたりするのです!!

これ、本当に不思議ですが。

たとえば、みんなが打ち合わせや会議で「それ、いいと思います。ぜひ、やりましょう!!」と、やる気になっているのに、ひとりだけ、「もっと考えたらどうですか?僕は賛成できないなぁ。他の案のほうがいいのでは?」「あなたの意見は、間違っているよ」「採用しにくいですね」などと言って。

そして、どんなにまわりの人がやる気になっていても、ぶち壊しにかかるのです。そうして、とうとう、賛成してくれていた仲間までもが、こう言う羽目になるのです。「あれ、うちとしてはやりたいのですが、なにせ一人、賛同が得られず……。ちょっとそのまま企画が止まっているんですよ……。もし、よかったら、他のアイデアにしてもらえませんか?」と。

しかし! 神から直接、授けてもらった貴重な、素晴らしい企画を、アイデアを、閃きを、価値を何もわかっていないようなまわりの人の声に揺れて、捨ててはいけません!!

それは、**すごい結果を生み出すことになる、あなたを通して世に出したい、神がしたい仕事だからです!**

しかし、このままで、運命が終わるわけはありません。

というのも、神は神ゆえに、見事にそのあとの運命の軌道修正をし、結局、あなたに与えた、神がしたい仕事を、世に発表することになり、あなたはやるべきことをきっちりやれ、誉れな結果と感動を世に生み出すことになるからです♪

ちなみに、神があなたを通して世に出したいすごいものは、その直感を受け取ったとき、必ずある感覚をともなうものです。

それは、「イケる♪」という感覚です！

その、「イケる♪」という感覚を、一瞬で感じ、高揚感に包まれ、その瞬間、すでに幸せになったなら、絶対に、他人の意見によって、捨ててはいけません。

とりもなおさず、そこには、神が、あなたと一緒に叶えたい、何らかの世界があるからです！

Chapter

4

ショートカットで、
奇跡のコースに入る♪

そのとき、やらなくていいことが省かれ、
すべてが楽に！

日常的に現れるボーナス・プレゼント♪

それはたまに来る珍しいものではなく、
つねに、何かしら贈ってくる！

直感は、日常にちょっとしたプレゼントをちょこちょこ与えてくれたりする、おちゃめなところもあります。

それは、わたしがホテルに缶詰めになって、この本の原稿を書いていたときのことです。ちょっと肩がこったので、アロマのマッサージに行こう、といったん手を休めたのです。

「は～、疲れた。どこかにマッサージに行きたいなぁ♪」

いつもなら、わたしは、滞在しているホテルの近くにあるマッサージ屋さんをインターネットで調べるのですが、そのときはこう直感がきたのです。

「外を散歩しろ」と。

それで、コンビニでついでにコーヒーも買おうと、ホテルの外に出て、なんの気なしにとことこ歩いていると、すぐにアロマのマッサージのどでかい看板があったのです。わたしは、その看板に書いてある電話番号をスマホでパチリ。

そして、ホテルに戻ってきて、続きの原稿を書いたあとに行こうと思い、21時30分でと、電話予約を入れたのです。

そうして、再び執筆♪

執筆途中、のどが渇いたので、何かドリンクを飲もうと、ソファに座ったところ、突如、「時間変更を！」と直感がやってきたのです。電話予約したアロママッサージのことでした。

「えっ？　時間変更？」と思った瞬間、次に、突如、「20時」と、特定の数字が浮かんだのです。

「はぁ～、20時ね。はいはい。変更しておきましょう♪」と、すぐにわたしは直感さんに応えるまま、そこに電話して、20時に予約を変更してもらったのです。

ちなみに、**わたしは、このような何気ない日常の直感も、決して無視しません♪というのも、それは、どんなささいなことであれ、意味なくやってくるなど、絶対にないからです！**

しかし、〝なぜ、時間を変更しなくてはならないのか〟は、いつでも、その瞬間には、わからないものです。

それは、いつでも、あとからわかるもの！

時間変更すべくお店に電話をかけたあと、理由もないのに、なんだか、わくわくしてきたのです。そして、初めて行くそのお店が楽しみでなりませんでした。といっても、なにか特別なメニューが書かれていたわけではなく、そこら辺の店にあるような内容と価格。

「まぁ、いいか♪　とにかく、変更することに意味があるに違いない♪」

そして、とっとと原稿を書き上げましょう‼　と、続きの執筆にも勢いもつき……。

そして、その時となり、お店に♪

が、特に何も変わらず、どこの店にでもあるようなふつうのマッサージが進行し……時間を変更したものの、何が起こるわけでもなく……。

「あの変更の合図は、いったい何だったんだろう？　これ、ふつうのことだよねぇ〜。まっ、いいか。もしかしたら、この時間、店がすいていて静かだってことだったのかな？　あの直感は」と思いつつ、マッサージに身をゆだねていると、突然、わたしが施術されている部屋をトントンと、ノックする音が。

すると、別のスタッフが小さな声で「失礼します♪」と入ってきたかと思うと、こう言ったのです！

「お客さま、失礼いたします。ただいま、ボーナスタイム・プレゼントが発生したので、やってきました♪　実は当店では、マッサージで手の空いたスタッフが、その時間、別の部屋で施術を受けていらっしゃるお客様のために、スタッフ2名で同時におからだをマッサージさせていただくという、贅沢なプレゼント企画を行っておりまして♪　それでやってきたのですが、させていただいてよろしいでしょうか？」

「はい。もちろん♪　お願いします‼」

わたしは、突然入ってきたスタッフが加わったことで、2名がかりで丁寧にマッサージしてもらえるという無料のボーナスタイム・プレゼントを受けることができ、とても気持ちいいトロントロンの夢のような時間を堪能することになったのです‼

しかも、「本日は、後の予約状況に空きがありますので、お客様のマッサージをご希望で無料延長させていただきます♪」と、これまたラッキーな展開に‼

こうして、思いもよらぬハッピーな流れとなり、わたしは、二人の女性スタッフの、優しく、あたたかく、リズミカルで心地の良いマッサージの時間を、たっぷり、優雅に、堪能させてもらえたのです！

それにしても、神は、20時になったら、他のスタッフの手が空いて、わたしのための「ボーナスタイム・プレゼント」が発生することになることを、あらかじめ知っていたんですよね。それって、すごいと思いませんか？　ちゃんと時間変更させてくれたりして。

さて、こういうことって、出来事としては、ささいなことです。が、そこにあるのはハッピーな方向性です！

その方向性に、流れに、ちゃんと乗っていけることが、幸運の秘訣なのです♪

というのも、この小さな流れから、大きな幸運の流れへと、入っていくことになるからです！

おまかせコースは、奇跡のメニュー☆完璧内容!!

それにしないというのは、ありえない☆豪華フルコースを味わいなさい♪

それがなんであれ、その道のプロがやることは、完璧です!! そのプロなりの腕や技や、やり方や方法、特別な技術や、素晴らしい品質や、創意工夫された仕事があり、すべてが〝おみごと!!〟な、ものです。

たとえば、銀座の高級料亭などに行くと、「おまかせコースのみ」とお品書きに書いてあり、値段も書いていないお店があります。

そういうものを見たとき、本物のプロの腕前の素晴らしさをあまり体験したことがない人は、一瞬、こう思うかもしれません。

「ふつうにコース内容を書いてほしいよね、そうすれば何が出てくるのかわかるのに」と。

ああ、そうですか。じゃあ、仮に、そこに、梅の食前酒だの、お造り3種盛りだの、茶わん蒸しだの、てんぷらだのと、書いていたとしましょう。

すると、あなたには、食べるもの（何分後かの未来に出てくるもの）が、はっきりわかることでしょう。

しかし、そこにはあまり楽しみがありません。まあ、食べる楽しみは実際あったとしても、何が出てくるのかがわかっていて、くどくどと、「こちらは梅肉であえておりまして、こちらはからし酢味噌でございまして……」と説明までされたら、もう、味を想像する楽しみもありません。

また、そのお品書きにある料理の味の想像はたいがいつくものです。かつて、どこかで、食べたことのあるものの中から生み出された想像からね。

そうであるからして、料理の内容を知ったところで、よろこびがほとばしる感じも、大きな感動も、すごく得する感じも、特に抱かないことでしょう。

あらかじめ、その日、その場で、食べるものがはっきりしているので、予定通りです。それ以上は、ありません。

しかし、「おまかせコース」にあなたが乗るならば、そのときから、うきうき、わくわくしませんか？　特別な未来が待っているのが、はっきりわかりませんか？予定は未定で、未来はここから始まるのです!!

「いったい、どんなものが出てくるのだろう♪　超☆楽しみ!!　だって、ここは名店で、おまかせコースのみというくらいだから、きっと、おいしいものが出てくるに違いない♪」と。

そして、それは、実際そうなのですが、ある意味、そうではありません。

というのも、「おまかせコース」と、うたうからには、料理長には自信があり、その名に恥じないもの、自分の修業時代からここまでの料理人生を歩んできたからこそ出せる味、創作性、お客さまの好みとその想像を超えるものの提供、うまい!!　とうならせるもの、他の店が出しておらず、ここでしか食べることができない実においしい料理を、高級食材も惜しまずふんだんに使って出すしかなくなるからです！

そのとき、あなたは、自分が思っていたものよりすごい豪華な食材のオンパレード、想像を超えた美味、食べたことのなかったハイレベルのすごいものを食べた感動で、きっと、うまい‼ うまい‼ と連発し、うれしすぎる♪ 来てよかった♪と、感動し、大満足し、幸福感を味わうことでしょう！

そして、こう言うことになるでしょう。

「ああ〜、何が出てくるかは知らなかったけど、〝おまかせコース〟にしてよかった♪やはり、料理長におまかせすると、わたしなんかが知っているものより良いもの、すごくおいしいものを提供してくださるんだなぁ〜。あのお店に誘われて良かった♪」と。

はい。直感という神の声である、天の誘いも、然りです！

それが示すものは、最初、いったい、なんのことかはわかりません。が、素直について いくことで、神様の、天の、「おまかせコース」に乗ることになり、大感動、大満足で、よろこぶことになるのです。

さて、**直感という神の声は、「運命をつくるプロ」であり、その道に関しては右に出るものはありません。**

それゆえ、望む人生を、望む以上の形で、よろこばしく叶えたいなら、しかも、ショートカットでダイレクトに望む世界に入りたいなら、もう、直感が示す「おまかせコース」に乗るしかないのです!!

それは、誰よりも、あなたの運命を知っており、いかようにも叶えてくれる腕前と技術を持っているからです!

神の声を、採用できる人・できない人は、何が違うのか⁉

あなたはなぜ、それを信じられないのか⁉ その真相は、これ‼

さて、この世の中には、自分の心の中にやってきた直感という神の声を素直に信じ、採用し、素晴らしいゴールにたどりつく人もいれば、なかなか信じられず、採用できず、それゆえ、何も起こらないという人もいるものです。

その両者の違いは、なんでしょうか？
ズバリ、「自己信頼心」のある・なしの違いです‼

「自己信頼心」とは、自分を信じる心の在り方です！

では、なぜ、自分を信じられる人と、自分を信じられない人がいるのでしょうか？
それは、これまでの生き方の中で、自分と交わした約束、つまり、自分が自分にしてきた決めごとを、ちゃんと守ってきたかどうかにあります。その約束事は小さなもの、大きなもの、程度はいろいろなわけですが。

それは、物心ついたときから、今日までの自分にいえるわけです。

たとえば、学生時代から、「今度のテストは、1か月前から、しっかり勉強してのぞむぞ!!」と自分が決めたものの、遊びほうけていて、気がついたら、〝一夜づけ〟で、「またもや無残な結果になった」というようなことが、繰り返されたとしたら、どうなるでしょうか？
その人は、自分にうそをついたことになり、約束を守っていないと自覚するわけですからねえ。

また、「休日は、大掃除するぞ!!」と決めたものの、相変わらず掃除などまったくせず、汚い部屋にいるばかりであるとか、「今度のボーナスで、あのブランドのバッグを自分にごほうびとして、プレゼントするぞ♪」と決めていたのに、いつしかボーナスが飲み代に消えてしまって、バッグが買えなくなったり……。「今年こそ、役立つ資格を2つ取るぞ!!」と決心したのに、そんなことはすっかりやめにしていたり……。

このように、自分が自分と交わした約束事、決めごとを、いつでも守らないというような生き方をしていると、人は、自分で自分のことを〝わたしって、いいかげんな人〟と、心のどこかで思ってしまうものです。

その、いいかげんな自分が、突然、なにかを思いついた!! といっても、いいかげんな人が思いついた、いいかげんそうなことなど、信じられないし、その通りにするのは怖いものです。そうしてうまくいく確証もないし、と。

そうして、本来なら、その人にもちゃんとやってきている直感という神の声まで、軽くあしらわれることになり、採用できず、神の仕事が台無しになるわけです。

しかし、これとは逆に、「自己信頼心」のある人は、日頃から自分のハートに問う、語る、聞くというような習慣があり、自分の決めたことを守って生きているので、こうなります。

「わたしは、こんなちゃんとしたわたしが大好きで、信頼できる♪　そのわたしの中にやってきた閃《ひらめ》きやアイデアなのだから、何か意味があるに違いないわ！　採用してみたい♪」と。

そうして直感を素直に採用し、示されたものに直《ただ》ちに従って、必要なことを実行でき、もれなく幸運を授かるわけです♪

ちなみに、**「自己信頼心」のない人は、自分を信じていないがために、自分の心の中の声を信じることができません。**

それゆえ、何か困ったことや悩み事があると、自分の心に向き合うのではなく、まずあちらこちらの他人の意見を聞きまくるものです。

自分を信じられないから、自分より偉い誰かをつかまえては、「ねぇ、どうしたらいいと思う？　教えて！」「あなたの意見が聞きたいの！　言う通りにするから、何かアドバイスして!!」などと。

しかし、そこで出てきたさまざまな答え、違う意見に、また混乱し、さらに迷路に入り込むことになり、いつまでも無意味にさまようことになるのです。

本当に大切なことはいつも、自分の心の内側にしか、ないというのに!!

いいですか！　他人の意見はあくまでもその人の意見でしかありません。あなたにとって本当にいいかどうかはわかりません。価値観が違う場合も大いにあります。

あなたにとって最良のことは、あなたの心だけが知っており、知らない場合は、悩みに悩んで苦悩してください。

そうやって自分の心の中でいろんなことを突き詰めていって、それでも答えが出ないなら、いったんそこから離れてくつろいでみるのです。

そうやって、そこから離れてサレンダー（お手上げ・降参）したとき、〝待ってました！〟とばかりに、静かになったあなたの中に、直感という形を取った神の声がやってきて、より良い方へと誘ってくれますから！

より高い領域とつながるために

神秘は、「計画」の中にはない!?☆
神が「運命調整」するやり方

さて、直感を採用し、〝より高い領域〟につながることが、なぜいいのかというと、その領域では、望む人生を叶えるために、自力で必死でなにかをしたり、故意に何かや誰かを操作したり、綿密な計画を立てたり、めんどうなことをたくさんやる必要がなくなるからです。

つまり、ストレスフリーで、楽に、おだやかに、スピーディーに人生を進んでいけるということです！

というのも、直感がくると、その瞬間、あなたは考えるまでもなく、一瞬で、いま何を言えばいいのか、何をしたらいいのか、どう動いたらいいのかがわかるからです！

わかるとき、運命のドアがひらき、次の場面、次のステージに、スムーズにシフトすることができるのです!!

また、その際、わかっておきたいことは、直感がきたら、その中にある、感情や感覚を優先して、進むということです。

そこで何かを「言う」「言わない」「する」「しない」「行く」「行かない」などの正しさを感じたときには、その気持ちと感覚に沿って、そうしてください。

たとえば、**当初、何かを計画していたとしても、その計画リストや手帳に書きつけた予定よりも、直感を通してやってきた気持ちや感情や感覚などを優先して、ことにあたるということです！**

直感を通してもたらされた、気持ち、感情、感覚は、正しくあなたを行くべき方向へと誘います！

決して、「こうでないとダメだ!!」「このやり方でないと気がすまない！」「計画通りでないと許せない！」などと、最初の計画や予定に執着するのは、やめてください。というのも、エゴや執着で主張し、頑固になっていると、せっかく神が与えてくれた直感を通して、〝より高い領域〟に入るチャンスを失うからです。奇跡のコース、神のコースから、外れることになるからです。

計画より、直感を通して発生したあなたの気持ち、感情、感覚についていくことが大切なのは、神秘はいつも細かい綿密な計画の中ではなく、〝柔軟な流れの中にある〟からです!!

直感という神の声を通して、それまであった物事の流れが変わるわけですが、その瞬間、あなたの、あるいは、その場の、なにかを変える必要があるから、神があなたの運命に登場したのです!!

ですから、柔軟になり、よろこんで変化に対応する自由性を自分に持っておいてほしいのです。すると、直感を通して神が行う〝あなたをより幸福にするための、より高みへと引き上げるため〟の、「運命調整」が、うまくいきます！

さて、直感は、あなたが計画しているもの、当初立てた予定より、もっといいやり方や、もっとおいしい結果を出す方法をいくらでも持っています。

そちら側へ、誘うために、直感を通して、あなたにすべきことをさせ、より良い変化を成功させているのです。

しかも、直感にともなってやってくる感情や感覚についていくほうが、かんたんです。というのも、気持ちのままに何かをすることには、人は本来なんら抵抗がなく、そのほうが自然だからです。

流れに乗りなさい

そのとき、あなたのすべきこと☆
サラサラ、スイスイ、進むために

絶妙なタイミングで、直感がやってくるおかげで、いつでもあなたは自動的に、〝より高い領域〟に入ることになります♪　そのときあなたは、当初、やろうとしていた面倒なことのすべてをやる必要がなくなったりします。

また、いつどのようにしたらいいのかと考えたり、何から手をつけたらいいのかと戸惑ったり、選ぶ道の選択に悩んだり、時間と労力のロスしたりするようなことと、無縁になります!!

あなたは、いつでも、〝より高い領域〟からもたらされた、流れに乗るだけでいいのです♪

ちなみに、〝流れに乗る〟とは、どういうことかというと、何かを止められたら、素直に止まるということです。進んでいけるなら、そのまま前進するということです！

道路にある信号を考えるとわかりやすいでしょう。赤なら止まる、青なら、進む！です。それが流れに乗るという、素直な生き方です。

道路の信号なら、みんな素直に従うのに、この人生では、人は、そのような信号がないからと、本来、止まるべきところで止まらず、進むべきところで進まず、そのせいで、さまざまなアクシデントや停滞や障害が起きてしまうのです。

しかし、本当は、すべてを直感からの体感と現象を通して、神は、天は、示してくれているわけです。が、こちらがそのことを理解できないだけです。

そのあなたの混乱した人生を救うかのごとく、絶妙なタイミングで現れるのが、直感という神の声なのですがね。

また、流れに乗るとは、「言うべきことを言うときだ」と感じたら言い、「いまはそれを言わないほうがいい」と感じたら、言わないようにすることです。

逆をするから、おかしなことになるのです!!

たとえば、「言わないほうがいい」と感じているのに、それを無視したり、反発して、いま言わなくていいことを言ってしまうから、トラブルに巻き込まれるわけです。

素直に直感に従い、「言わなくていい」と感じたことは「言わないようにする」ことで、事なきを得るように、神は教えてくれているわけです、あらかじめ。

また、流れに乗るとは、「何かをすべきだ!」と感じたら、そのことが当初、予定にはなかったとしても、やってみることです。そして、「それをいまは、すべきではない」と感じたら、予定していたとしても、しないことです。

そういうことに、素直に従うとき、あなたは最も守られ、得るべき正しい結果を得ることになるのです!

ショートカットで、望みを叶える秘密

ひとめ、心でそれをみること☆
それなしに、天は動いてはくれない!?

日常的に、直感という神の声を受け取り、〝より高い領域〟から誘われるために必要なあなたの仕事は、自分のほしいもの、叶えたいこと、なりたい状態、築きたい人生、めざす成功や志を、ひとめ心で見ておき、そこにわくわくフォーカスする習慣を持って生きることです！

そのとき、望む結果を「すでに得た」つもりになり、先に感謝し、よろこばしくそこに向かい、すべきことをすることが大切！

また、悩みや問題を抱えている場合でも、望む解決、ほっと安堵する結果を、「す

でに得た」つもりで、安心して、目の前のことにあたること。

すると、**その習慣と、習慣の中で発生したエネルギーが、あなたの潜在意識（心の奥深くにある無意識の領域＝神とつながっている領域）と天を、無条件に刺激し、あなたのそれを叶えるよう、素晴らしい直感を、絶妙なタイミングで、あなたの日常に、あなたの内なる心に、送り込んできます！**

さて、誘われるために、望むものについて自分の中で、ひとめ見ておくというのは、あなたが街で誰かに道を教えてもらい、案内してもらうのと、同じこと。

たとえば、あなたが、「渋谷に行きたい」とわかっている（今日は、渋谷のファッションビルの〇〇でお洋服を買う！　という場面を自分の中でひとめ見ている）から、道に迷ったときに、「〇〇に行くには、どうすればいいですか？」と、誰かに聞くことができ、そのとき、「ああ、それなら、この道を行くといいですよ」と道案内してもらえ、目的地へ誘われることが可能となるわけです！

しかし、もし、あなたが自分の行きたい場所や目的地や望んでいることをひとめ心で見ることをせず、わからないままで、誰かに何かを誘わせようとしたら、どうなるでしょうか？

きっと、こんな、おかしなことになるでしょう。

「あのぉ～、すみません、わたし、どこに行きたいのか自分ではわからないのですが、どこに行けばいいでしょうか？」

「はぁ？　そんなこと言われましても、答えようも、教えようも、案内しようもありません。たとえば、渋谷とか新宿とか、どこに行きたいのか言ってもらえたら、最短コースの道をご案内することはできますが……行きたい場所すらわからないけど、案内しろ、誘えというのは、不可能です‼」とね。

直感という神の声＝天の誘いも、然りです！

ただ、親しむだけでいい♪

こちらから話しかけるだけでいい!?
日常に訪れる「神秘の秘密」

天は、あなたを望む世界に誘う術など、何万通り、何十万通りも、いや、無限に携えております。その力をみくびらないでください。

そして、それは、信頼され、採用されるほど、よろこんで、もっとユニークな形で、おもしろいやり方で、いくらでも、あなたを誘い放題にするものです！

また、**神が直感を通して、あなたを望む世界へと、望んだ以上の形で誘うために、必要な「運命調整」を行う際には、必ず、あなたの「素直さ」と「柔軟さ」と「自由度」を使うものです！**

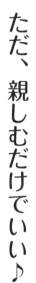

素直で柔軟で自由なあなたを通して、日常のごく自然な物事の流れを使って、すぐに対応可能な形で、適った時と方法を通して、現状により良い変化を一瞬で起こして、あなたを誘うのです。

それゆえ、しつこいようですが、直感がやってきたなら、なぜそうすべきなのかと理屈をこねたり、抵抗したりせず、素直に即対応を心がけること♪

即対応するとき、あなたは、一瞬で、天と同調することになります！

そして、即対応し、神のくれたそれを無駄なく採用すればするほど、あなたは、もっと頻繁に、もっと楽に、もっと早く、ますます望みが叶った状態、思い通りの人生を、かんたんに叶えることができます！

それは、とても、いいことです♪

なぜ、いいのかというと、何かが楽に早く叶った分、あなたは他の興味あることにも、もっと多くかかわることができ、さらに多くの良いことを経験する機会も増え、人生を幸せに充実させることができるからです！

そうすることがいいのは、この人生は、たった一度しか生きられないものであり、命は有限だからです！ 人生は時間でできており、その時間こそ、命そのものだからです！

人は、誰も皆、有限の命を生きているのだからこそ、この人生という時間のなかみを、より満ち足りた出来事で、幸せな時間で、濃密にし、充実させ、より価値ある、よろこばしい、素晴らしいものにしたほうがいいに決まっているからです。

そう、自分を生み出した根源＝宇宙の創造的領域、高次の領域、天、神の声という直感とつながって、守られながら、世話されながら♪

そして、その直感という神の声を、日々、ふつうに受け取る人でいるために、奇跡のような出来事も日常化するために、内なる心から、もっと神に親しみを持って、しょっちゅう話しかけてみてください。


「こうしたいのだけど、どうすればいい？」

「これをもっとうまくやるためには、どんな方法がある？」

「電話をするのは、いま？　それとも、明日？」

「次の企画は、○○？　それとも、◇◇？　どちらにすればいい？」

「煮詰まってしまったのだけれど、どんな解決策がある？」

「○○を探しているのだけど、どこに行けばいい？」

「あの人に会ったら、なんと言えばいい？」

などなど、とにかく、どんなことでも……。


そうやって、**話しかけるほど、自愛に満ちた直感という神の声は、あなたに応えたいと、惜しみなく、天からの誘いを差し出してくれるものです！**

そのとき、神秘が現実に訪れるとは、どういうことなのかを身を持って知ることとなり、驚くことになるでしょう。

というのも、そこには、どちらかというと奇をてらった奇抜なものは何もなく、神のようなあたたかいふつうの人たちがいて、たったひとつのあたたかい出来事があり、なんともありがたすぎる状態があり、感謝しかないという思いと感動に、大きく包まれることになるからです！

さて、ふつうに訪れる出来事、ふつうの日常は、すべて、本当は、ふつうのことではありません。神が綿密にこしらえた、奇跡であり、それを知る必要があるために、また、守っているよと伝えるために、この日常に、あなたの内なる世界に、直感という声を通して、神はやってくるのです！

感謝をこめた「あとがき」

それは、ふいに、テレビに注目させる！
――天は手段を選ばず、日常的に、あなたに大切なことを届けてくれる

それは、わたしがこの本の初校ゲラを直す作業をしていた初日の出来事です。

その初校ゲラでは、追加すべき原稿が何本か必要に思えました。

しかし、それを加えると、予定のページ数を大きくオーバーしそうな感じがして、どの原稿をカットすればいいのかと、ちょっと、迷っていたのです。

どれも、カットしたくない気持ちはあるものの……

ページ調整は、絶対的作業で……

それで、しかたなく、ちょっと長い話となってしまった、この本の最初のエピソード、つまり、特別章のわたしの作家デビュー20周年記念の告白手記（阪神淡路大震災

から作家になることを決心した話）を、カットするしかないのかな？　……と思いつつも、それはどこかさみしい気がしていました。

しかし、その原稿がなかったとしても、「直感」をテーマにするということであれば、成り立つと言えば成り立つわけですが……。

でも、その項目には、伝えたいことは、多くあるし……。

ん～……　どうしようか……。

すると、突如、また、小さな声で、直感のささやきがやってきたのです！

「ホテルの部屋から出ろ！」と。

しかし、わたしは、なぜか、外の風にあたるとか、散歩するとかいう、いつもの気分転換をしたい気持ちにはならず、ホテルに隣接しているショッピングアーケードを歩きたい気分になったのでした。

今回、わたしは、いつもはあまり泊まらないホテルに泊まっていたのですが、なぜ、その地域のホテルにわざわざ泊まっているのか、自分でも意味がわかりませんでした。他にも便利な場所、好きなホテルはあったのに！　と。

しかし、ホテルの予約サイトをみていたとき、「今回は、ここだ！」と、ピンッときたので、そうしたのです。

そして、ホテルに着いた時、隣接しているショッピングアーケードがあるのを知ったのです。しかし、忙しくて、そこにはまだ行っていませんでした。

そして、やってきた直感に従うべく、ホテルの部屋から出て、そのショッピングアーケードへ行ってみようと直行！

なんの気なしに、ふらふらと、お洋服や、雑貨などのショップを見てまわることを、楽しんでいたのです。それは、とてもいい気分転換になりました♪

「ああ、このホテルが便利で、楽しいことを、わたしの直感が先に知っていたから、今回は、このホテルを予約したのか！」と、そんなふうに思っていました。

そして、ふらふらみて歩いていたとき、突如、「○階に行け！」と、特定のフロアを示す数字が、また、直感でやってきたのです。

しかし、そこに何があるのか？

わからないまま、いつものごとく、直感に誘われるまま、そのフロアに行き、なんの気なしに、ほろほろ歩いていると、突如、テレビのショールームのような大きなスペースが現れ……。

しかし、特に興味もなく、無関心にしてその前を通りすごそうとしたとき、その最前列にバーンと置かれていた最新の大型テレビに、ふと、目をやると、なんと！　そこに、「阪神淡路大震災!!」という文字が、どでかく突然、表示されたのです!!

その画面は、大地震の揺れの構造を伝える映像を無音で流していたのです。

無音なので、「えっ!?」と、こちらが見入ってしまうと、今度は、その画面に、「衝撃にも壊れない！」という文字が!!

そして、わたしは、ハッとしたのです!!

あっ、あの阪神淡路大震災のときに作家になると誓ったエピソードの項目は、長くても、絶対にカットしてはいけないということなんだ!!
そして、どんな衝撃にも、壊れないものは、人の心なんだ!!　と。

実際、当時、わたしの家の中のものはすべて壊れましたが、わたしの心も、夢も、志も、壊れなかったのですから！　いや、むしろ、すべてが壊れていく中で、もっと、もっと、より丈夫になったのが、心と、夢と、志でした！

そして、急いで、ホテルの部屋に戻って、いま、この原稿を書いているのです！

ああ……それにしても、この出来事、わたしには、不思議としかいいようがありません。そして、この本にまつわる大切なメッセージとしか、思えません！

なぜなら、こんな時期に、なんでまた、「阪神淡路大震災」という文字を見ることがあるのかと!! そして、なんでまた、わたしは、今回に限って、原稿を仕上げるためのホテルを、ここに選んだのか!! と。

それらは、すべて、天が意図するものを完成させるために必要な、わたしへの誘いであったに違いありません。

それを正解だと思えるのは、わたしが、その誘いの中で出逢った出来事やメッセージの通りにして、ほっと安堵したからです！

いつでも、突如やってくる直感の意味は、その時点では、本人もわからないものです。が、誘われて出逢った出来事の中で、あとからわかるわけですが、その一連の流れと出来事の意味は、本人にしかわかりません。

いつでも、それをどう解釈するのかが、人生の意味や価値を生み出すのです！

そして、その直感について、それが大いなるものからの導きであり、意味ある天からの慈愛に満ちた誘いだと、理解した人から、神秘的でリアルな〝幸運の流れ〟に入っていくことになるのです。

あなたも、日常にやってくる、ふとした思い、ささやき、閃《ひらめ》きという、直感に、素直についていっていってみてください。ときには、テレビやラジオや雑誌からも、天はあなたに何かを語りかけてくるかもしれません。

そのくらい、日常的に、天は、あなたとつながり、あなたを守り、導き、より良い、より幸せな、素晴らしく価値ある結果へと、感動的な人生へと、あなたをしっかり、誘うものです！

2023年　5月

ミラクルハッピー　佳川　奈未

≪　佳川奈未　最新著作一覧☆　≫

◇『お金持ちが持っている富の循環☆スピリチュアル・マネー』　青春出版社
◇『「いいこと」ばかりが起こりだす　スピリチュアル・ゾーン』　青春出版社
◇『「約束」された運命が動きだす　スピリチュアル・ミッション』　青春出版社
◇『大自然に習う古くて新しい生き方　人生の教訓』　青春出版社
◇『ほとんど翌日　願いが叶う　シフトの法則』　青春出版社
◇『ほとんど毎日　運が良くなる！勝負メシ』　青春出版社
◇『あなたの意のまま願いが叶う☆クォンタム・フィールド』　青春出版社
◇『宇宙から「答え」をもらうシンボリック占い』≪書物占い♪≫　青春出版社
◇『運のいい人がやっている「気持ちの整理術」』　講談社
◇『怒るのをやめると奇跡が起こる♪』　講談社
◇『成功チャンネル』　マガジンハウス
◇『幸運予告☆世界一ハッピーなこれが本当の惹き寄せの法則』　マガジンハウス
◇『幸運Ｇｉｆｔ☆』☆作詞家＆歌手デビューシングル CD 付　マガジンハウス
◇『おもしろいほど願いがかなう“心の持ち方”』　PHP 研究所
◇『望みのすべてを必然的に惹き寄せる方法』　PHP 研究所
◇『運命の人は探すのをやめると現れる』　PHP 研究所
◇『船井幸雄と佳川奈未の超☆幸福論』　ダイヤモンド社
◇『宇宙は、「現象」を通してあなたに語る』　ビジネス社
◇『あなたの願いがいきなり叶う「ヴォイドの法則」』　ビジネス社
◇『自分の病気は、自分で治す！』　ビジネス社
◇『人生が整う「ひとり時間」の過ごし方☆』　ビジネス社
◇『「お金」は、スピードに乗ってやってくる！』　ビジネス社
◇『神様は、こうしてあなたを導いている！』　ビジネス社
◇『「白蛇さま」が教えてくれたお金に恵まれる生き方』　ビジネス社
◇『恋とお金と夢に効く！　幸せな奇跡を起こす本』デビュー作☆　ゴマブックス

※佳川奈未のその他の著書、個人セッションや講座等は、公式サイトをご覧ください。

★佳川奈未公式☆奇跡が起こるホームページ
http://miracle-happy.com/

★佳川奈未☆通販サイト「ミラクルハッピー百貨店」
http://miraclehappy-store24.com

★個人セッション・電話 de 鑑定・各種講座　公式サイト
「ホリスティックライフビジョンカレッジ」
https://holistic-life-vision24.com/

著者紹介

佳川 奈未　作家。作詞家。神戸生まれ。生き方・願望実現・潜在意識・成功・恋愛・お金・幸運等をテーマにした単行本・文庫・コミック・ムック・電子書籍をはじめ、PODブック・トークCD・DVD付ブックなど、累計は360作品(2023年5月現在)。海外でも多数翻訳出版。精神世界にも精通し、レイキヒーラー・ティーチャー、チャネラーとしてスピリチュアルな世界を実生活に役立つ形で展開している。
主宰する「ホリスティックライフビジョンカレッジ」では、各種講座、個人セッション、電話de鑑定などを随時開催。

公式HP　http://miracle-happy.com/

あなたの内《うち》なる「神《かみ》の声《こえ》」を聞《き》く方法《ほうほう》☆

2023年5月30日　第1刷

著　者　佳《よし》川《かわ》奈《な》未《み》

発行者　小澤源太郎

責任編集　株式会社 プライム涌光
電話　編集部　03(3203)2850

発行所　株式会社 青春出版社
東京都新宿区若松町12番1号 〒162-0056
振替番号　00190-7-98602
電話　営業部　03(3207)1916

印刷　三松堂　　製本　フォーネット社

万一、落丁、乱丁がありました節は、お取りかえします。

ISBN978-4-413-23303-3 C0095